宮崎駿與精神分析

給孩子的夢想飛行器

目　錄

序／單瑜

創造精神分析式的書寫

2016年11月5日，臺灣精神分析學會舉辦的精神分析應用的活動邁入第二屆，就如蔡榮裕醫師所說的，2015年臺灣精神分析學會所舉辦的「村上春樹與精神分析」是精神分析應用在臺灣的一個起頭，那麼我們從此刻開始已經邁開步伐往前跨進。

在佛洛伊德時代「藝術創作」在他大量的精神分析書寫中大概有幾種呈現，其中最為常見的就是博學的佛洛伊德在他作品中時常信手拈來的歐洲文學與文藝典故，豐富而廣泛的引經據典往往讓後世的讀者需要有詳細註解，才能夠深入理解佛洛伊德引用文字的相關背景。另外一類的作法則是詳述一則經典作品，深入探究作品的原型，而作品中的角色模型透過佛洛伊德筆下的摹寫則成為一種理解某類心理情結的基礎，散見於佛洛伊德文本中多次討論的莎士比亞「哈姆雷特」與索福克里斯的「伊底帕斯王」都是這類型書寫的例子，而「伊底帕斯情結」的故事在佛洛伊德以及之後的討論者反覆書寫，現在已經成爲無論是否通曉精神分析者都耳熟能詳的日常用語了。還有一類佛洛伊德對於藝文作品的書寫形式，則是深入分析創作者的生平與童年背景資料，並且連結創作者作品的素材，繼而闡明創作者的某些心理情結以及理解藝術創作的心理動機，「杜斯妥也夫斯基和弒親」以及「達文西對童年的回憶」就是這類型的書寫形式。這幾種對於藝文題材、藝術創作的書寫形式至今仍有相當的影響力並且有後繼的仿效者。

佛洛伊德曾向他的好友佛利斯(Wilhelm Fliess)宣稱，他解開了夢的秘密，發現了無意識，但或許我們也可以說佛洛伊德發明的是一種如夢般的精神分析式書寫，他透過各種藝文形式的探索乃至於他孜孜不倦的寫作歷程，可以視作是他個人精神分析式書寫的實踐。因此，何謂是精神分析式的寫作，或者討論「精神分析」如何能與其他領域，尤其是藝術文化的創作產生對話時，對於精神分析有興趣者是重要關注的議題，佛洛伊德本人的寫作就是精神分析運動歷史中，最重要而寶貴的材料。依循著這段歷程，作爲一個當代的精神分析論者，當我們嘗試去述說某種藝術形式，或是引述某種藝術創作的作品，其實可以視爲是一種我們尋找精神分析式書寫的創作。

今年精神分析應用的主題，選擇了一個對於精神分析這個具有歷史傳統的學門而言，更為新潮的當代題材，我們討論的是知名的動畫大師宮崎駿以及他的作品。在佛洛伊德發展精神分析的年代，還未有「動畫」這樣的藝術形式。盧米埃兄弟震驚世界的第一部電影「火車進站」於1895年上映，當時佛洛伊德才出版了他的作品「歇斯底里研究」，在將要邁入四十歲的不惑之年，這種「會動的影像」對於當時正在起步的精神分析運動而言，還尚未進入當時精神分析研究的視野，然而，我們可以看到大量文學、繪畫與藝術等主題，在當時精神分析的研究之中被提及。後繼的精神分析研究者大約是在上個世紀70年代後，才慢慢把「電影」這門藝術形式納入精神分析的討論範疇。在一些文本中，我們可以看到類如佛洛伊德式的文筆，把電影影像內容作為是敘事者引用或是聯想的文本材料；也有藉由電影內容的討論，從「電影」這類當代藝術找出更貼近當代人心靈狀態的具體象徵；還有把電影影像片段視為是夢的片段，藉此探索創作者的心理狀態以及夢的本質。種種以「電影」為素材的精神分析式書寫我們很難一一盡數，但是從佛洛伊德時代至今，跨越了超過百年時間，精神分析對於「電影」這門藝術的興趣也有了長足的發展。

「動畫」作為一種相似於電影，但對於創作者的創作過程以及閱聽者的觀賞感受，又是和電影明顯不同的一種藝術形式，對於精神分析以及剛剛開始發展精神分析運動的台灣而言，或許有著像是電影對於精神分析運動前輩那般的既熟悉又新鮮的感覺。生活在當代的我們，熟悉於觀賞「動畫」的經驗，對於這類藝術形式帶來的感受有很多想說的，但許多卻還沒有被清楚地述說出來。作爲一個在台灣成長的六年級生的我，「動畫」從小就有很大的影響力，彩色畫面與影像幾乎是不只我這個年齡層甚至橫跨幾個世代的共通語言，而宮崎駿則是在這個跨越世代的發展中，重要的動畫創作者。無論是否熟悉宮崎駿的作品，每當提起「龍貓」幾乎都能讓人清晰地在腦海中浮現「龍貓」的形象，或許現在你躺在床上正準備休息，「龍貓」玩偶就躺在你的身邊。宮崎駿那些讓人熟悉的既可愛又堅強的少女角色：「風之谷」娜烏西卡、「魔女宅急便」琪琪、「神隱少女」千尋......等等讓許多人印象深刻，甚至我們會不經意地，把這些角色聯想到生活中的人物，乃至於我們自己。宮崎駿作品中鮮明表現的對於環境保護的關懷，對於我們這個時代的環保議題，也有著重要的影響力，即使這些影響與意義還沒有被述說得非常清楚，但仔細想想就會發現，宮崎駿以及他的作品在我們日常生活中已經非常具體地存在。

臺灣精神分析學會發展精神分析在台灣的在地運動，從我們幾乎每天都會看到、聽到的素材：「動畫」出發

——正如臺灣精神分析學會還是一個年輕的、正在起步的組織的發展歷程一樣，從我們熟悉並且感興趣的素材出發並且嘗試述說、書寫，也是精神分析對於自我本質探索的一種實踐。進行到第二年的精神分析應用的講座，邀請了幾位願意嘗試各種精神分析式書寫可能性的會員，完成了這樣一部小書。在這本書裡，王明智心理師深入「風起」這部動畫，從風的聯想到「生死」與「侘寂美學」，以動畫內容為材料述說他對於生死的想像；蔡昇諭醫師以「魔女宅急便」中少女琪琪法力的失去與重拾以及「神隱少女」千尋經歷的冒險故事，連結宛若精神分析歷程中重新經歷成長過程的經過；林怡青醫師用一種自在的書寫方式，從「霍爾的移動城堡」這部作品進行聯想，述說她個人精神分析的治療經驗與閱讀經驗，故事中的角色在她細膩的文筆下，也一一找到精神分析理論的位置；彭奇章心理師深入宮崎駿作品中，重要的「飛行」主題，從「降臨、降落、墜落」等飛行相關身體經驗出發，探究來自於嬰兒時期的身體經驗以及幻想形成的根源。本書中每位作者各種書寫的形式雖然迴異，但也證明了「創造精神分析式的書寫」非常豐富而多元的可能性。無論是否熟悉宮崎駿的動畫或者是否熟悉精神分析，我想都能在其中享受難得的閱讀經驗。

書本的標題「給孩子的夢想飛行器」是來自於本書作者群的討論。宮崎駿的創作中有許多飛行與飛行器的主題，關於「飛行」文章內容會有很多深入的討論。而關於「孩子」，宮崎駿自己是這麼說：「我曾經想創造自己童年想看的東西，也曾經想創造自己想給兒女觀賞的東西。」「當我小學三年級時，我期待看到什麼呢？」「孩子三歲大的時候，我想專爲三歲孩子創作，到他們上小學時，我又想爲小學生創作。他們現在都上了高中，對動畫也失去了興趣，我創作的動力也不見了。」或許，我們可以把宮崎駿的作品視爲是他個人對於童年的探索，他的作品就是他爲自己創造的飛行器，那也是我們說、寫想要達成的目標。

最後，分享一段出自達文西(Leonardo da Vinci)的名言：

「你只要嘗試過飛，日後走路時也會仰望天空，因爲那是你曾經到過，並渴望回去的地方。」

風起與風落

關於生死的一些聯想

王明智
臺灣精神分析學會會員
祕密花園心理諮商所諮商心理師
精神分析取向心理治療師

誰曾見過風？
不是你，亦不是我。
當樹葉顫動，那是風吹過。
誰曾見過風？
不是你，亦不是我。
當樹木領首，那是風悄然走過。

<誰曾見過風> ，克里斯汀娜羅賽蒂(英)

緣起

宮崎駿在完成「風起」之後宣佈退隱，不再創作長篇動畫。早在2008年，宮崎駿接受紐約時報訪問時，便對吉卜力的未來發出擔憂：「世界動畫正朝向高科技的方向發展，但我的動畫公司依然如揚帆的木船一般，在動畫的海洋中航行。......當然，我們可能會沉沒。我不確定是否足夠強大到應對這一切，事實上我們對未來前景並不樂觀。」

2014年獲頒奧斯卡終身成就獎時宮崎駿提到自己很幸運，得以在使用鉛筆、色筆與膠片創作動畫的最後時代工作五十年；另一方面，由於日本沒有參戰，自己不用上戰場，可以專心畫畫。再加上另一位戰友高畑勳年事已高，吉卜力隨後也宣布解散製作部門，種種跡象，都讓影迷們感受到一股關於二維動畫美好時代即將畫下句點的氛圍。吉卜力工作室的龍貓片頭亦將消逝無蹤，只能留在我們的記憶。

爲了捕捉最後的美好，我跟大多數的影迷一樣，也走進戲院看了「風起」，看完後沉浸在一股揮之不去的感傷裏。但又不僅是單純的感傷，似乎蘊含了更多的甚麼？作家毛尖說：這部電影，像是宮崎駿的遺言。我認爲宮崎駿透過「風起」總結他一生的創作，也對於命運與時代發出喟嘆。這篇文章便是試圖去消化這團無以名之感受的嘗試。

第一部份我會從風的意象談起，還有它在精神分析的意義。之後會談「風起」中的時代大風，人在面臨時代與命運時將如何自處？最後會將這些思索延伸到生死之本能的理論，並以宮崎駿電影裏，美麗的侘寂思想，嘗試與精神分析對話。

宮崎駿的動畫充滿神奇魔法的飛翔，已然成爲鮮明的標誌，觀者在此找到許多樂趣與救贖。作爲精神分析的觀影者，不禁好奇這個幻想母題背後隱含的意義？可惜關於宮崎駿的生平可得的資料不多，一方面由於他是個工作狂，所能找到的資料均圍繞著他的創作，私領域付之闕如。但作爲一個精神分析的愛好者，仍執著地想從斷簡殘篇中進行考掘，希望可以組合成有意義的圖像。

如果要對宮崎駿有個定義，我會說他是個「捕風者」（《捕風者/宮崎駿》，秦剛，2016年），關於風的聯想可從動畫的本質說起。動畫這個字(animation)，來自拉丁文anima，有氣息與靈魂的意思。聖經創世紀亦有記載，上帝用泥土塑造亞當，朝他吹入一口氣，賦予生命。因此我們可以說，動畫師便是要爲畫面賦予生命的匠人。宮崎駿也曾有類似的體會：「動畫製作是一件窺探世界祕密的工作，動畫製作讓你體會到，在風的流動、人的動作、表情、眼神、身體肌肉的運動中，有著這個世界的祕密。當我領悟到這點後，有段時間我感覺自己選擇的工作是那樣深奧，那樣值得去做。」

捕風者宮崎駿

我們可以感受到宮崎駿在賦予作品生命時，如何把整個人投入他的創作裏，動畫作爲一種感受、觀察與思考世界的方式。這種狀態也近似於精神分析取向的治療師與案主工作時的臨在[1]。

首部動畫「風之谷」的成功，催生了吉卜力工作室的成立。工作室取名自偶像卡普羅尼開發的偵察機「卡

---

[1]臨在(present)：普羅大眾對精神分析的刻板印象之一，是分析師是那些絕頂聰明，但也僅做頭腦運動的人，以為在分析進行中，分析師冷若冰霜，拒絕與案主做情感交流，而那些精采的詮釋不過就是過於理智化的呈現。殊不知在實務工作中，每次療程分析師總是傾全力投入與案主的互動。

Winnicott在討論真我(true self)與假我(false self)時，也談到客體的臨在(object-present)：從教科書學到如何照顧嬰兒來扮演(act)媽媽這個角色固然重要，但是身為照顧者的個性與真實也很重要。照顧者是以「自己」投入與嬰兒的互動以及照顧的技巧中。簡言之，好的照顧者不能失去自己的生活興趣與個性，若僅是依樣畫葫蘆，按照標準流程來照料嬰兒，那可能與機器人無異。

普羅尼 Ca.309」，意為「沙漠上的熱風」，工作室發行的刊物也以「熱風」為名。

「風之谷」就是因為靠海有風吹拂，藉以抵擋腐海的瘴癘之氣。當地人堅信：對新生兒最好的祝福就是有風相伴。風，彷若神祇的禮物，不僅可以帶來保護，也可推動許多事物：人類文明(如風車)也是靠著風的吹拂得以運轉前進。

在「紅豬」中，主角波魯克說：「不會飛的豬僅只是一頭豬。」這句傳達出的自大全能，就心理意義來說，風所帶來的飛翔啓動了人類的自戀，宛如分析師的護持與神入，賦予了案主靈魂，啓動內在生之本能，形塑完整的自體。

講到風與飛翔，不禁也讓人聯想起關於伊卡洛斯(Íkaros)的神話。為了逃出國王設計的迷宮，代達羅斯設計了飛行翼，由於飛行翼是以蠟結合鳥羽製成，不耐高溫，因此代達羅斯告誡兒子：「飛行高度過低，蠟翼會因霧氣而使速度受阻；飛行高度過高，則會因為熾陽照射而灼燒，造成蠟翼融化。」當父子從島上的石塔展翅逃出，年輕的伊卡洛斯因首次飛行所帶來的極樂，使他忘形地越飛越高，最後因為太接近太陽而使蠟翼融化，導致墜海身亡。

伊卡洛斯的飛翔道出人性原始的誇大自戀與全能感，以及背後所隱藏的危險與毀滅。故事中的父親爲兒子製造翅膀，讓人不禁想到宮崎駿自幼成長於父親與伯父的飛機製造廠，培養了對於各色飛機的喜愛。

喜愛飛機，是基於對力量與速度的著迷，從人類的飛行歷史看來，後來飛行轉向殺戮，讓宮崎駿思索自己內在是不是隱含暴力的因子？人類的自戀與全能如果未經修飾，無限擴張，就像得意忘形的伊卡洛斯，終會招致毀滅。就像宮崎駿對於飛機被使用在戰爭深惡痛絕，人類的文明如果未經思索，一昧地追求進步，果眞對整體福祉有幫助？這是宮崎駿在其作品不斷省思的問題。

透過「風起」這部電影，我試圖探討風的意象對於人類心靈的意義。風可以是護持的母性，也可以是淩厲的命運，抑或是深邃的死之本能。死亡讓我們洞見生命的有限性，雖然這是人類的自戀難以面對與消化之處，但透過吸血鬼的傳說也可以知道：沒有死亡的生命，漫長可怖，似乎也成爲另一種更難忍受的空洞。

青花魚骨的弧度

電影有一段容易被遺忘的細節，堀越二郎跟好友本庄在餐廳吃飯的時候，被本庄揶揄總是吃著跟別人不同(落伍)的食物：青花魚套餐。這裡除了突顯傳統與現代的矛盾之外，後來二郎驚喜地發現青花魚骨的弧度與機翼相同，魚骨的意義在這裡有了更進一步的延伸。

稍稍了解飛機起飛的原理，便會知道機翼拔升的弧度是爲了創造引導氣流的空間，好讓氣流(風)可以帶動機翼，承載機身的重量，使得飛翔成爲可能。弧度的意象不禁也讓找在內心勾勒一幅「自體心理學[2]」(或者與之相近的Winnicott)的臨床圖像 (見下圖)。

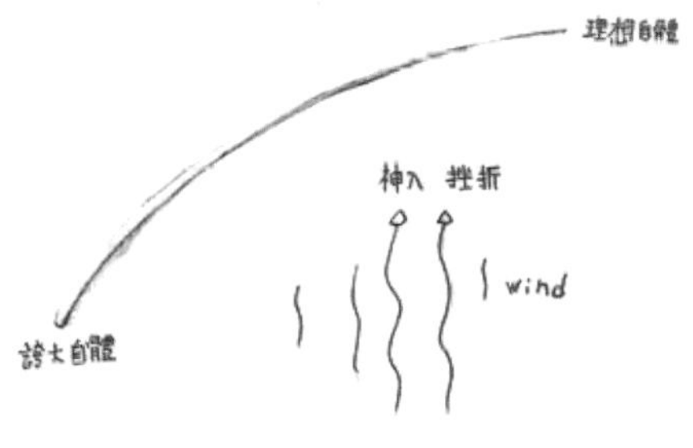

---

[2]自體心理學(self psychology)：美國芝加哥分析師柯哈特(Heinz Kohut)所創立的精神分析學派(雖然科哈特不願意稱自己的論述為學派)。柯哈特首次把自戀(narcissism)擺在人類發展與治療歷程重要的位置，認為除了從病理的面向看待自戀外，亦有其積極正向的意義。自體心理學希望透過治療歷程來理解並重建案主的自戀。使案主感受到自體的統整與價值。

自體心理學的「自體(self)」簡言之就是我們當下所感受到的種種主體感受，以及從過去到現在時間連續感中的自我感。在科哈特所定義的自體結構中，自戀作為能量滿盈主體之中，主體因此感受到類似心理學的自我價值。

為了形塑主體健康的自戀，對於誇大自體的神入與鏡映，再加上理想自體(理想雙親影像)的引導提升，缺一不可。在臨床上治療師可以使用的工具就是創造完美融合的神入，以及恰好挫折或同理失誤的修復。從原始誇大自體到「己立而立人」的理想自體，猶如機翼的完美弧度，再加上治療師所扮演風的角色，帶動案主心靈的成熟與發展。

護持 (holding) 與鏡映 (mirroring)

近代精神分析裡，護持(holding)與鏡映(mirroring)是兩個很重要的概念，護持會讓我們聯想到母親「抱」著嬰兒的意象，指的是在身心上給予嬰兒恰當的環境，使其身心安頓，這份信任乃探索世界的起點。鏡映則牽涉到人認識自己的開始，我們都是透過別人怎麼看我們來認識自己，特別是腦部發展不甚成熟的嬰兒，對自己狀態的認識，更要透過彷彿鏡子般母親的回映才得以完成。

二郎與菜穗子初相遇，菜穗子及時接住二郎飛出去的帽子(護持)。當時菜穗子用德文說：「既使風起」，接著二郎應答：「也要努力活下去。」說明兩人心心相映。這種心心相映近似於溫尼考特(Winncott)說的母親與嬰兒同調(in tune)所創造出的幻覺(illusion)：我們不用說甚麼，對方就能了解，輕易地使命必達。透過這份幻覺滿足我們的全能感，甚至覺得不是對方協助我們達成種種任務，而是自己的成就，這種感覺使我們對自己擁有信心，好應付生命接下來種種挑戰。

同樣的主題也出現在多年後的重逢，女主角在山坡上寫生，一陣大風吹散了遮陽傘，男主角正好經過坡下，及時接住了傘。菜穗子在坡上興奮大喊：「接的好！」「接」的意象總讓人想到護持(holding)，試想一個墜落嬰兒即時爲母親所接住。宮崎駿的電影，對於所愛之人細心呵護的情懷無所不在。

這裡講個小插曲，小時候宮崎駿爲了照顧罹患肺結核的母親，還有幫忙家務，有著超齡的成熟。在創作「龍貓」的時候，宮崎駿把姐姐五月塑造成盡善盡美的小大人，讓製作人鈴木敏夫很不自在。鈴木當時質疑：「現實中怎麼可能會有這樣的小孩？這種事小的時候全都會做的話，長大之後五月會變壞喔！」當時宮崎駿生氣地說：「不！會有這樣的小孩！我就是這樣！」雖然宮崎駿很生氣，卻有把鈴木的話記在心上，後來畫了一場五月因爲擔心媽媽死掉而哭出來的戲。「鈴木兄，這樣五月應該不會變壞了吧？」「不會！」宮崎駿這時露出開心的笑容：「太好了！」雖然這只是個溫馨的小故事，但我們不免會心疼身爲小孩的宮崎駿，竭盡心力的護持母親，內心被死亡的陰影威脅著。也許鈴木不經意的一句話，刺激了內心深處的恐懼與悲傷。我們不禁想像：除了母親肉體的死亡之外，生病的母親是否時而或有心理死亡的狀態？而從時而心死的母親的眼中望出去的小孩，可以被充分的鏡映嗎？

從這個脈絡我們更能明瞭，長大後的宮崎駿成爲一個工作狂，身爲他的太太或者小孩，應該需要很大的耐心吧。衆所周知，宮崎駿與兒子的關係一直不好，鈴木敏夫認爲是肇因於兒子五歲時「缺乏陪伴」的緣故，正處於最需要家長陪伴的年齡，卻因爲父親埋首工作，總是缺席，造成了父子關係的疏遠。這種失落的心情後來在吾朗的作品「來自紅花坂」，透過故事中因參戰而失蹤(死去)的父親，宛如無所不在的幽靈，表露無遺。或許是兒時缺乏大人的護持，宮崎駿把這種需要呵護的心情投射在他的電影藝術中，「風起」的二郎正是如同宮崎駿一般的工作狂，而女主角菜穗子則完全以夫爲重，即使重病還是執意放棄養病的機會，返回丈夫身邊，陪伴他完成設計零式戰機的大業[3]。

或許正因爲缺乏護持，宮崎駿描繪護持的筆觸特別

---

[3]額外聲明：傳記的危險，就連佛洛伊德也排斥，在診療室中我們勾勒的案主生命故事常有很多失誤，也需要不斷重寫，更別說靜態、且有歌功頌德之嫌的傳記了。因此在這裡，我僅僅提供個人的想像，一小塊理解。

動人。

後來菜穗子發燒，菜穗子的父親臨時取消餐敘，二郎失望之餘，對於菜穗子的病情甚爲擔心，默默吟誦起英國女詩人克里斯蒂娜．羅塞蒂的〈誰曾見過風〉。這是一首很美的情詩，足以說明那種「吹不散心頭的人影」的心情。詩中以景喻情，以實言虛。不可捉摸的風，盡在生機盎然的事物中顯現，心頭百般尋覓，關於護持的人影。（見p.13）

爲了讓如風的菜穗子現身，二郎摺起紙飛機，朝向菜穗子的窗口射出，飛機尷尬地卡在屋簷，被菜穗子發現了。這場戲也總讓我聯想起兒時宮崎駿等待的心情，希望可以透過好的表現吸引母親的注意，即使表現不好，仍可以吸引母親關注的眼神，還有鼓勵。「飛機召喚風」的意象在此清晰浮現，兩者缺一不可；一方面象徵愛情的水乳交融，另一方面也說明了神入在某種程度上足以達到「融合的幻覺」的想望。接下來是兩人的既逗趣又動人的調情戲，紙飛機在兩人間飛翔傳遞，不斷地接住爾後又射出，經過這一個愈發細緻調和的過程，紙飛機也不斷精進改良，爾後也可以愈飛愈高，電影以其優美的形式象徵了自體如何緩緩成形的歷程。這場戲也充分說明了兩人願意接住彼此，成為彼此護持與鏡映的誇大自體客體，亦確認了彼此的愛情。

這場戲不禁讓我想到宮崎駿的母親生病時，兒時的宮崎駿心中隱隱的不安，想要知道母親還好嗎？想要喚起母親的生命力，亦希望得到母親的同理性回應。而當病懨懨的憂鬱母親被喚醒，可以與孩子同調時，孩子的誇大自體得到了滋養，就像紙飛機可以愈飛愈好，愈飛愈高。

卡普羅尼的理想化自體客體

我們都知道卡普羅尼是一二次世界大戰的戰機設計者，也是宮崎駿的偶像，卡普羅尼志在設計最美麗的飛機，嘗言：「飛機不是戰爭的工具，也不是經商的手段，飛機是美麗的夢想。」卡普羅尼設計飛機重視造型美，不顧軍方對於性能的追求。即使如此，戰後仍招致許多批評，認爲他是助長法西斯政權的劊子手，這些撻伐使其晚景淒涼。崛越二郎身爲後輩，幾乎有著類似的命運。在「風起」這部電影，安排卡普羅尼出現在二郎的夢中，扮演了二郎的挑戰者、建言者與內心的代言人再恰當不過。

以精神分析的觀點來說，卡普羅尼具有多層次的意義，在他們互爲彼此夢境的設計中，透露出兩人是彼此的鏡像，透過相互的映照，傾聽、了解、辯證，超越了彼此。這一老一少的組合似乎也暗喻了，卡普羅尼代表年老的宮崎駿，與走過來時路的小宮崎駿在夢中相遇，從不同的時間點(生命階段)，不同的生命狀態，反芻、總結自己的一生。怎樣的情況，人需要回顧自己的一生？並以年老的眼光重新審視？透過宮崎駿真心誠意的夫子自道，感覺他似乎想把一生的精華傳承給後輩，這種心情不禁讓人聯想到退休，準備緩緩步下人生舞台。

卡普羅尼另一層意義是作為二郎的理想化自體客體(理想雙親影像)，每次卡普羅尼這個角色出現的時候，似乎就是要為困頓迷惑的二郎指引未來方向。譬如：年幼的二郎覺得自己近視，無法完成飛行員的夢想，卡普羅尼說：「那你可以設計飛機。」關東大地震時，卡普羅尼再度出現，詢問二郎：「風還繼續吹嗎？」並且鼓勵他，面對命運的磨難，也要堅強活下去。卡普羅尼出場前，二郎在報上看到卡普羅尼設計的巨型飛機CA60試飛失敗。在此理想自體客體不是全然理想化，而是被修飾得更符合現實。

身為飛機設計者，卡普羅尼如此談到創作：「藝術家只有短短的十年。創造性的人生，為期只有十年，你要善用自己的方式，度過那十年。」後來二郎到德國留學，學習設計飛機的最新技術，面對強勢的西方文明，卡普羅尼就提點他，作為一個藝術家要堅持的是什麼：

「你會選擇有金字塔的世界？還是沒有金字塔的世界？」「飛行夢是一個受詛咒的夢，因爲飛，背負著破壞機器的命運。」這一段看起來也像是是宮崎駿在反思自己的藝術追求。

同時卡普羅尼也提到，他要進行一次退休飛行，你看他講得這麼清楚，退休飛行，果然宮崎駿在拍完「風起」，也決定要退休了[4]。這段退休飛行拍得無比歡樂，對於飛機可以帶給人類的幸福與夢想做了最好的詮釋，優雅下台一鞠躬。

電影結尾日本戰敗，二郎設計的零式戰機全部被殲滅，也失去了菜穗子。卡普羅尼問二郎：「這十年有竭盡所能，全力以赴嗎？」二郎回答：「有！雖然結局支離破碎。」面對如此令人心碎的結局，卡普羅尼帶來最好的禮物是：美麗的哀悼。我們在霞光燦燦中，看到數以千計的零式戰機氣勢磅礴地浮現在遼闊的天空，宛如一場向飛機(藝術品)、死去英雄、還有設計者(二郎)致敬的典禮。電影結束前，死去的菜穗子現身，告訴二郎要勇敢活下去。

宮崎駿在撰寫劇本時，對於結局的安排猶豫不決，原本的設定是，菜穗子跟二郎說：「來！」似乎在召喚

---

[4] 2017年2月24日報載「又不退休了！宮崎駿動畫長片新片製作中」。

一郎跟隨她一同赴死，但後來被改成，希望二郎勇敢獨活。試映會中，宮崎駿也爲此感動涕零，自剖看自己的電影時從不落淚，似乎有甚麼觸動了他。有段插曲或許可以註解此刻他的心情。片子拍製告一段落，宮崎駿終於有空回信給友人：「謝謝你的來信跟書本，我應該給你回信，但因公事延誤了。非常抱歉。你的來信使我憶起空襲那晚，那晚，母親叫醒我時，窗戶玻璃燃燒的光就像黃昏一樣。我跟六歲的哥哥把腳放在橋下的排水溝裏，撐著墊子來自我保護，當時眞的又熱又辛苦。我眞的會經常想，爲何我沒有失去家園，也沒有死去。終於我們從墊子的重壓中被解放出來後，爸爸、哥哥及我坐在貨車的貨櫃裡，當時，一個帶著年幼女兒的母親請求與我們同行。撇下那對母女的記憶長久以來煎熬著我。我母親也曾說過類似的話，但我沒有責怪我父親。那是心裡的一根刺。

妻子提到西伯利亞蛋糕那一幕很有我父親的風格，父親就是那樣的人。當我爬上河堤逃走時，叔叔抓哥哥的手，媽媽抓著弟弟，父親一隻手拿著一個黑皮包，另一隻手抓住我，在爬河堤的時候幾次滑倒，每次滑倒的時候他都會說對不起對不起，我在想我自己也可以爬上去，但我也沒說甚麼，28歲的父親，竭力守護著妻子和家人，眞的非常感謝你的來信，我感覺我對28歲的父親有了新的認識。謝謝你。」

紀錄片<夢與狂想的王國>

根據有限的資料推測，這封信很可能回給兒時的鄰居。宮崎駿的父親在戰時經營飛機零件工廠致富，或許也在宮崎駿心中投下父親是戰爭幫兇的陰影，電影拍攝期間，幼時鄰居來信；當時空襲使得社區屋舍全毀，而宮崎駿家卻安然無恙，有回宮崎駿一家回來看到鄰居擅自坐在玄關休息，原以為父親會嚴厲地驅趕，沒想到父親卻拿出當時很昂貴的巧克力(電影的西伯利亞蛋糕)送給他們。這封表達感謝的信，激擾出兒時關於父親與戰爭的記憶。

兒時的宮崎駿對父親的感情是矛盾的，一方面感受到父親奮力保護家人的決心，另一方面卻被父親見死不救的冷酷所衝擊。在危急的時刻，親疏遠近的取捨成為叢林法則，戰爭此時變成詛咒，對父親的理想化瞬間幻滅。多年之後，透過鄰居對父親慷慨的描述，重新審視並修補了心中的父親形象。或許我們可以這麼說，宮崎駿對於飛機、動畫藝術的矛盾，潛意識認同了父親的命運，「風起」中二郎的角色象徵了心中的父親。而這部作品讓他有機會面對戰爭在人心中烙印的傷痕，從理想化到幻滅，試圖修補與重構父親的形象。卡普羅尼在此扮演外在追尋的理想化自體客體，修飾失落的父親形象。

風起！只有試著活下去！
天邊的氣流翻開又合上了我的書，
波濤敢於從巉岩口濺沫飛迸！
飛去吧，令人眼花繚亂的書頁！
迸裂吧，波浪！
用漫天狂瀾來打裂
這片有白帆啄食的平靜的房頂。

<海邊墓園>，法國詩人梵樂希

對死亡的凝視：死之本能

宮崎駿在回顧文集《出發點》一開始便批判當代日本正邁向一個逐漸崩壞的過程。頹圮的泡沫經濟、311地震海嘯導致核能外洩、近期右翼興起、軍國主義有死灰復燃的跡象，因此宮崎駿反對修憲，希望維持和平憲法。

「風起」藉古諷今的意圖很明顯。

影片處處瀰漫著死亡的陰影：影片開頭主角二郎的飛行夢，被遮天的黑頭彈攻擊，暗諷二戰時的神風特攻隊。即使當時國家貧窮，很多小孩挨餓，卻爲了打仗不惜投下巨資製造飛機。躲避政治搜查時認識的朋友(德國間諜卡斯特先生)，帶來日本與德國將會毀滅的訊息，後來也失蹤被捕，再加上菜穗子重病身亡，個人的磨難與國家的命運疊合在一起，愈發襯托出時代的悲愴。

凡此種種，不禁讓人聯想到：隨著宮崎駿逐漸衰老，眼看著美好的二維動畫時代走到盡頭，也感受一己生命的有限，將無法抗拒命運的颶風。在接受記者訪談時，宮崎駿說：「你該紀錄的，是我隱藏起來的絕望深淵。」宮崎駿一再提到聖經的〈傳道書〉，看似悲觀，懷疑神的存在，但也傳達出：盡人事、聽天命的領悟。

在動盪的時代，不禁讓我們思考死亡與毀滅的問題。宮崎駿的感嘆亦使我們想起佛洛伊德在〈論無常〉中哀嘆戰爭帶走一切美好的事物。

然而，面對美好事物的毀壞與逝去，佛洛伊德比較樂觀，深信如果可以哀悼成功，生之本能仍可以使得人類文明延續，相對來說宮崎駿則抱持悲觀，認爲在時代颶風下還是要認命，卻有種美好的戰已經打過的釋然。

戰時佛洛伊德工作大減，加上通貨膨脹舉日維艱，女兒也因物資缺乏導致營養不良而病死。生命的悲劇促使他思索死之本能的問題，一開始從臨床上令人費解的強迫性重覆，飽受創傷的病人不斷地在生活與夢中重覆令人痛苦的場景，慢慢推衍出死之本能的存在。

佛洛伊德在《超越快樂原則》談到，與生之本能的結合對立的另一種分解傾向——涅槃原則。宇宙一開始沒有生命形式存在，只由許多無機物構成，在偶然的機遇下，生命倏忽形成，但很快又歸於無機物原點。其後經歷一連串複雜的過程，生命再度成形，並以更複雜的形式維持不墜，然在此之下，從有機物想要復返無機物的慾望仍保存在人性深處。或許也可以這樣說：死之本能也是人性最初的慾望。

佛洛伊德認爲生死本能很少單純的存在，總是以混合的形式表現在人性中：譬如性愛，沒有死之本能與破壞驅力也很難成立。這奇妙的混合縱貫我們的一生，交織出波瀾壯闊的交響曲。

死之本能的理論受佛洛伊德二元論影響甚大，此二元論的源頭除了希臘哲學家Empedocles論及的推動宇宙運行愛與死的基本力量之外，還包括黑格爾的辯證哲學。就黑格爾看來，我們必須藉著他者(other)來界定理性、健康和文明。所謂的他者具有非理性、病態、野蠻、空無的面向。對黑格爾來說，一個人能否涵容存在於內的對立面是很重要的，如此才可以獲得對於眞相的全面性了解。這個傳統，被尼采、海德格、傅柯延續，逐漸演變成存在主義與強調解構的後現代主義。這個哲學的傳統關心人類的非理性面向及深邃的存在本質，超越語言、文字、社會、文化，網羅更爲底層的事物，仔細想想也很類似於佛洛伊德說的潛意識。

雖然死之本能長久以來受到精神分析圈的忽略與誤解，批評者均認爲沒有原發的死之本能存在，佛洛伊德認爲死之本能導向於外所形成的攻擊，也被認爲是主體被傷害後，內在碎裂後的反應。

或許我們可以選擇忽略或者否定死之本能的存在，

但哲學與精神分析的發展，還有20世紀以後的歷史，在在證明忽視它並無法使它消失。不管是廣島的原子彈爆發、納粹對猶太人的屠殺、乃至於環境汙染導致的溫室效應、層出不窮的恐怖攻擊、甚或是嚴重的憂鬱，導致全面性剝奪生命能量與感受，均證明了死之本能無所不在。

死之本能幾乎就停駐在我們的左肩[5]，伴隨我們成長、歷經生命的每個階段。

佛洛伊德之死

作爲現實主義者的佛洛伊德，當其開始思考死之本能，不知如何面對自身的死亡？

如果說，一出生便注定死亡，或許生命這個意外(始於精子與卵子的相遇)僅能以更複雜的形式驅使自己不要輕易地回到死亡，換言之，如果我們不能決定自己的出生，至少我們可以決定自己的死亡。而生命旅程，或許就是曲曲折折讓自己回到死亡原鄉的嘗試。

---

[5] 印地安傳說這樣形容死亡。

我們都知道佛洛伊德清醒地抗癌十多年，前前後後動了33次手術。

一天抽二十支雪茄的習慣，口腔癌似乎是命定的結果。即使如此，佛洛伊德仍不願意放棄雪茄的愛好，畢竟，雪茄帶給他許多創意與樂趣。

由於年輕時研究古柯鹼，眼睜睜地看著同儕染上藥癮，不可自拔，因此佛洛伊德即使深受癌症之苦，仍堅持不使用鎮靜劑，因爲擔心鎮靜劑會剝奪自己讀書、思考與寫作的清醒生活。

他曾經說過：「活著卻不工作，是我無法接受的安逸想法......，倘若有一天再也不能思考或說話，要怎麼辦呢？......因此偷偷祈求，切莫因爲身體虛弱，使自己耗竭繼續工作的能力。套句馬克白的話：讓我們在勞動中死去吧！」

他果然對這個想法身體力行，除了例行的工作之外，也把握時間陪伴朋友、家人及享受旅遊，直到死前還是持續讀書寫作，甚至已病入膏肓，手邊還拿著書在讀，最後竟是以無法讀書作爲結束生命的指標。

這個安樂死的決定老早前便已做好，也與家庭醫師、家人嚴肅地討論過。由生到死，從頭至尾都表現出一種冷靜理智的態度，從容地掌握在世的每分每秒，保持一貫的格調：依循現實原則，用自己方式決定自己的死亡。

佛洛伊德對死亡的決定不僅在安樂死上面，在他還年輕的時候便已燒掉許多書信資料，為的就是不讓傳記家為他立傳。

這個決定從精神分析的觀點來說合情合理，至少就臨床上的經驗，理解一個人從來不是一件簡單容易的事情，隨著時間、治療關係的開展，尚且有許多變化，更別說靜態的立傳，還有立傳者本身對於主角隱含的移情（不是過於崇敬，歌功頌德，就是想要藉由奇聞軼事把主角拉近）。在諸多原因下，傳記裏頭虛假扭曲的成分總是多於對眞實的追求。精神分析圈甚至有種說法：「不入流的精神分析會像個傳記。」分析師爲病人立傳，說服病人相信生命合該是這個樣子，這種一廂情願的相信反倒使得生命像個虛妄的故事。

精神分析作家亞當菲立普曾如此評論：「想像自己的傳記，阻止自己的傳記，等於是想像死亡。......死亡是我們慾望的對象，到最後使我們免於被慾望束縛。」（《達爾文的蚯蚓/亞當菲立普論生死》，亞當菲立浦）這句話爲佛洛伊德與死亡的關係做了最好的註解。

死之本能的延伸

我們看待死之本能往往著重於驅力的面向，因此僅看到破壞與死亡。然而，死之本能還有另一個面向爲我們所忽略：方向性。簡言之，生命除了推動著我們不斷往前、有所建樹之外，更有一股往後的吸力，將我們拉向來處。讓我們想像出生之後，一股力量讓我們站起來離開地面，然而無所不在的地心引力卻將我們拉回地面，是一樣的道理。

分析師馬修安文斯就曾寫道：「安娜佛洛伊德與父親到塔特拉度假，看到美景時哀嘆說：眞希望可以永遠停駐。佛洛伊德說：這樣一來快樂便被破壞了，正因爲無法長久，快樂才會存在。剛開始安娜以爲這是古怪的觀念，但她持續思索這個問題，從小就渴望永恆的寧靜，覺得人生就像乘車前進，你必須下來走走才會活著。......又想到德國靠近北海岸菲斯蘭的風景，感覺那裏眞美，在那之外是一片虛無。彷彿土地消逝處，是某種神祕、偉大、眞實事物的起點。這種感覺一直等到她看了《超越快樂原則》，想到：或許她渴望的寧靜永恆就是死亡本身。」（《佛洛伊德的輓歌》，馬修安文斯）

不知道大家看到安娜佛洛伊德所懷想的景致，是否覺得似曾相識？「風起」最後，菜穗子與二郎告別的大草原，在在讓我想起安娜心中的永恆景象。

這種想像也讓我連結到存在主義、後現代主義、乃至禪佛思想曾帶給我的感動，或許某種程度上，它們就像源遠流長的支流，最終都會朝向存有的汪洋。無論你怎麼稱呼它，這個流向或許也可稱之爲死之本能的方向性。

劉佳昌醫師在論述村上春樹的小說《世界末日與冷酷異境》時，曾就方向性的問題做了大膽的延伸：「生命和死亡這兩個本能，如果說眞的有融合的機會，它們的終點會不會其實是同一個呢？如果生命眞的有一個最初的完整狀態等著我們去回歸，那和佛洛伊德念茲在茲的最初的精神靜止狀態，是在一條直線上的相反兩端，或是它們可能走過怎樣曲折的過程回到原地會合？」[6]

從方向性來看，或許我們可以暫且拋卻貪生怕死的好惡，把死之本能放在精神裝置的適當位置來看待。徐均在其<死亡本能與無常：精神分析的超越性>[7]中，就從自體心理學的角度，談到死之本能與精神成長的關係：「我們都知道柯哈特引入『恰好的挫折和修復』的概念，

6《村上春樹與精神分析：心的顏色與森林的歌》，無境文化，2016

7 本文已發表在第二屆中國精神分析大會。作者：徐均。出處：中國自體心理學網。

透過治療師挫折案主來活化過往的自戀創傷，加上治療師的神入，修飾案主全能的自戀，使其強迫性重覆可以減輕。恰好的挫折所活化的不僅是過去創傷，也是自體害怕崩解的死之本能，當自戀（生之本能）奮力抗拒死亡本能，往往顯現爲自戀暴怒的焦慮與攻擊。

當主體經過治療師的協助，逐漸放棄對自我全能感的堅持，某種程度上等於接受生命無常的眞實——即解脫表現爲強迫性重覆的對於死亡本能的掙扎；自戀與死亡在此達成最大程度的辯證性和解。」（以上摘錄自徐均）

這個過程就像「風起」中的命運之風，作用在二郎身上，淬鍊其心志；發生於內在，也像是生之本能需要死之本能來調節，以維持心智的平衡。因此我們也許可以這樣說：「無常，就是生死本能的舞蹈。」如同電影中場二郎與菜穗子再度重逢，草原降雨的那場戲，男女主角肩併著肩穿越驟雨，來到晴雨交界之處，頓時升起彩虹。

我覺得彩虹的顯現把無常的美表露無遺，也帶給我們生死本能二元觀之外，另一個超越的看法。

宮崎駿的侘寂美學

電影評論家表示：宮崎駿電影最美的地方往往發生在那些侘寂的時刻，譬如：在平疇曠野中移動的雲影，菜穗子在坡上作畫。又或者菜穗子咳血，二郎在趕去的火車上振筆疾書，淚水滴落紙面。這些靜默無聲的空鏡顯得特別動人，又如：女僕阿娟為了感謝二郎送禮致謝，二郎知悉後趕到時阿娟已離去(同樣場景也發生在當二郎工作完成，菜穗子留下三封信，默然離去)。在此，缺席的狀態反倒映現出客體令人渴望的存在。

「風起」試飛成功的片段，一片激昂的歡慶聲中，二郎若有所思(失)地望向天空，鏡頭也將觀眾帶向無垠的曠野，在一片空無與靜寂中，彷彿有甚麼正在醞釀？

這種甚麼也沒有，卻蘊含了許多的氛圍，讓我想起日本的枯山水與其背後的哲學：侘寂思想。枯山水把豐饒的山水簡化成最基本的元素，去除繁複的裝飾(以及背後所蘊含的飽滿欲求、或者紛亂的生之本能)，以樸拙的形式，傳達出某種在一片空無中靜待的心情，等待主體(觀影者)填入自己的想像、慾望與情感，抑或等待觀影者等待自己的思想成形。

這個場景後劇情有著大量的省略，直接跳到結尾(省略也是侘寂的特色)，二郎失去了一切(零式戰機、菜穗子)，哀悼成爲重要主題。宮崎駿透過他的侘寂美學，使這些美好卻消逝的人事物，以昇華(或者超越昇華？)的形式存活於主體內心，因此主體可以把能量撤回自身，勇敢存活。

這種悖論一直是侘寂美學的要旨，但精神分析何嘗不是？

侘寂的美學形式，總是偏好那種樸拙不完美，灰灰舊舊的物品，似乎時間與使用者在物品留下刻痕，透過這些痕跡，我們看到無常變幻的身影，使我們安靜駐足，凝神諦聽。因此我們可以說，侘寂是東方思想映照失落的一種方式，畢竟無常導致美好事物無法永存，失落成爲必然。侘寂也像是在有與無，獲得與失去之間，超越的第三個位置。或許侘寂的超越觀與精神分析的二元觀大不相同，但侘寂在靜默中等待的姿態，在在讓我想起分析師置身被移情、慾望與記憶驅使的診療室，提醒自己不隨波逐流的第三個位置。

藉此我們也可以理解日本的櫻花崇拜，或者文學中大量的愛與死。櫻花往往盛開在最燦爛的時刻，旋即枯萎，生與死被濃縮在一瞬間，因此最可以讓觀者體會無常。二郎與菜穗子的愛情正是一種櫻花的愛情，美好的相遇，短暫的幸福，伊人隨即殞落。這種熱烈也表現在菜穗子爲了二郎的創作(或者爲了死前可以把握夫妻相處的時光)，放棄上山養病，執意陪在丈夫身邊。不知道大家可曾留意菜穗子與二郎借住的主管家，房間之外便是盛開的櫻花？

這種典型日本文化「愛與死」的主題，除了突顯生死的衝突外，更著重於生死的交媾(流)，透過這種熱烈的激盪，迸發出對無常的直觀。就像櫻花的開落，無論絢麗的綻放或是轉瞬的凋零，對侘寂來說，重點不在失去或擁有，而在於生命的流動。

徐均曾提到：許多無法自創傷復原的人，隱隱都相信生命是絕對的，總有永恆不變的事物，這種天眞幻覺在遭受打擊後，使得個體傾向把自己隔絕起來，成爲不想體驗眞實的虛無主義者。（<死亡本能與無常：精神分析的超越性>，徐均）而侘寂便是要挑戰這種絕對，使能量可以流動，人因此活在當下，感受與照見眞實，也終止了強迫性重覆(佛教的輪迴)。

可以哀悼就是相信無常，讓生命能量得以自然流動，如同四季更迭教導我們的。從二元觀到超越觀，從精神分析到侘寂思想，並不是二選一的問題，而是站在不同的維度思考生命的本質，也留給當代精神分析的發展一個重要且富於挑戰的新領域。8

8 仔細想想，精神分析的實踐與侘寂（禪）有著許多相似：

1.禁慾的形式：清空了外在與內在的干擾(三昧)，使得觀者對事物保持一種純粹的覺知。精神分析則是透過它簡約的形式，禁慾的結構，製造出一種空性的狀態。

2.非指導原則：小心指導性帶來的欲求與關係的汙染。非指導性傳達出一種接納的態度，不用強求使它變好，也不用擔心變壞。這也像是精神分析不試圖去改變甚麼，如果有改變，也只是它的副作用。

3.移情：禪宗強調當下的體驗，就是存有的一種方式。事實上並無本質的我，我們所能擁有的僅是這一刻的我。這種對當下的重視也反映在精神分析對此時此刻的重視，而所謂的此刻的我，也投射在治療師與案主的關係中，簡單來說就是精神分析所強調的移情。

4.修通：我們必須有耐性地學習、觀察舊的組織模式如何地讓我們復位，回到那些重覆的習氣之中。這也像是精神分析的修通以滴水穿石的力量，使我們逐漸遠離強迫性重覆。

在這個快速變幻，許多事情都被填滿的時代，精神分析的診療室像是一個安靜的空白，治療師在那裏等待著，看似無所作為，實則等你前來，用你的方式填滿，或者描繪形狀與色彩。這個作為中立的第三位置，這個不被無常與強迫性重覆淹沒的靜心空間，有著多麼素樸珍貴的價值。

宮崎駿

動畫界的達文西

單 瑜

精神科醫師

台灣大學醫學院醫學士

臺灣精神分析學會會員

達文西是發明家與機械迷，並且繪製許多機械、飛行器的設計手稿，他對於機械與飛行的興趣，和當代的動畫大師宮崎駿十分相似。據此，宮崎駿的研究者游珮芸教授曾在文章中將宮崎駿譽爲「動畫界的達文西」[1]。精神分析的發展史上，佛洛伊德曾寫過一篇<達文西對童年回憶>的文章，內容根據達文西的身世，討論他的心理成長背景以及他的性格與創作。文章的開頭，佛洛伊德講述，研究一個偉大的藝術家以及他們的傑作，會給精神分析及精神病理學發展帶來重要的貢獻，闡明他關注達文西的心理發展與揀選他幾件重要藝術作品的研究動機。這篇文章爲精神分析研究開展了討論創造性藝術家心理活動的可能性。

除了對飛行與機械的愛好之外，宮崎駿與達文西兩人還有許多性格特質與成長背景的相似性。依循著這個脈絡，從佛洛伊德考據達文西心理發展史與理論推演過程，我們將這些討論與宮崎駿的成長背景、創作歷程做連結，一探藝術創作背後可能的心理發展動機。

宮崎駿1988年上映的電影「龍貓」，過去有許多論者把它視爲宮崎駿對童年的回憶，我會從「龍貓」的創作發想與故事內容以及宮崎駿的童年經歷與心理發展相

---

[1] 游珮芸(2010)《宮崎駿動畫的文法：在動靜收放之間》台北，玉山社。

對照。除此之外，宮崎駿有諸多隨筆文章以及訪談散見於雜誌、新聞等各類刊物。根據這些材料，仿照佛洛伊德對達文西的研究，嘗試深入宮崎駿的創作與人格特質。

軍事狂的宮崎駿

宮崎駿對於飛行與軍事武器有一種特別的熱情，之中卻有一種矛盾性。就像大多數人對於宮崎駿的印象，在政治上宮崎駿是鮮明的反戰立場，但他個人對槍砲、彈藥、戰車、戰鬥機......等殺人致命武器也展現高度的興趣。「宮崎駿是個軍事狂」這件事情，宮崎駿自己是這樣說的：「在日本，只要是認眞正經的人，就絕對不會碰觸與戰爭或軍事有關的事情。可是，那卻是我從小到大始終不變的愛好......只是不能公開承認，因爲一旦公開，就會被認爲是好戰份子。」[2]所以作爲一個軍事狂的宮崎駿，雖然很多的作品都展現了高度對於軍事武器鉅細靡遺的描繪，但這樣的愛好大多只能曖昧不明地呈現。以「風之谷」爲例，雖然動畫版的故事內容表達出對和平的愛好以及反對戰爭的態度，但是在畫面中對於武器以及飛行器的細節刻畫，卻還是透露了作者對於軍事武器的愛好與深入研究。1984年，也就是「風之谷」上映

[2]「寫隨筆是我的嗜好」，原文刊載於《Animage》一九九五年十二月號。

的那年，宮崎駿開始在模型雜誌《Model Graphix》連載專欄「宮崎駿的雜想筆記」，連載共六年的時間，從第一話「不被知道的巨人末地」(敘述在歷史中被遺忘的大型軍用機)到1990年的第十二話「飛行艇時代」(有人認爲此篇爲後來動畫「紅豬」的原型)。1992年這些專欄集結成冊發行，還補上第十三話「豚之虎」(以虎式戰車爲主題的故事)。在當時發行的《宮崎駿的雜想筆記》一書序文中，宮崎駿這樣寫著：「雖然不是很能向人家炫耀的興趣，總之我喜歡軍事相關的事物。就算覺得這些是無聊透頂的事，我還是喜歡軍事相關的事物......因爲這些完全是單純的興趣。也就是說，和什麼自然保護問題、和什麼少女的成長自立......之類的通通無關！」

宮崎駿是一個軍事狂，這或許和大多數人印象中熱心於環境保護、反戰的宮崎駿大相逕庭。這樣的矛盾他自己也是非常強烈地感受，在2002年出版的一部漫畫作品集《塗泥的虎/宮崎駿的妄想筆記》[3]中就有一段作者自嘲的對話，故事是這樣的：

一隻小豬跑過來問正在趕稿的宮崎駿：「宮崎先生你畫戰車漫畫是因爲你喜歡戰爭嗎？」

---

3 宮崎駿讀了二次世界大戰德軍知名戰車英雄Otto Carius自傳之後，所改編的中篇漫畫。內容敘述當時Carius如何在惡劣的環境下，以兩輛虎式戰車固守陣地，並擊退俄軍戰車的故事。

另一隻小豬插嘴：「不只是戰車，大砲、飛機、軍艦，他都喜歡。」

小豬恍然大悟：「原來他是這種人啊！」

大豬生氣地辯解：「那研究愛滋病的人就是喜歡愛滋，研究異常犯罪的人是犯罪者嗎？」「不限於戰車，軍事全部都是從人類的黑暗面而來，是人類的恥部，是文明的黑暗，是排泄物、是嘔吐物......」

小豬：「原來宮崎先生喜歡恥部呀！」

在宮崎駿作品中豬的造型角色出現常常是帶有自嘲色彩，動畫「紅豬」就是一個鮮明的例子。「紅豬」這部動畫脫胎自漫畫「飛行艇時代」，以一個中年失意的「豬」爲主人翁，背景則是宮崎駿本人非常有興趣的水上飛機。主角這個戰後餘生的水上飛機駕駛對於宮崎駿來說，不無自喻的色彩，也讓人感受到掙扎於尊嚴與現實的矛盾感受。這樣的心理狀態也正像作者以豬的身分出現在軍武漫畫中，宮崎駿本人自我嘲諷但又嘗試辯解那般的矛盾。

藝術家？科學家？博學家？達文西

達文西是歷史上最知名的畫家之一，但同時也對於建築、數學、幾何學、物理、光學、力學......等知識都有深入研究，某種程度上，達文西應該也可以稱作是一個科學家或甚至是博學家。對所有需要智力運作的事物，達文西展現了高度興趣。達文西也是一個飛行迷，對於飛行，他有一種特別的熱情。佛洛伊德在1910年所寫的《達文西對童年的回憶》就是從達文西對於飛行的熱情以及他童年一段「鷲的夢」展開討論，來理解達文西的人格發展。

其實在精神分析歷史裡，對於「飛翔的夢」有著長遠的興趣，佛洛伊德《夢的解析》裡，就分別在第五章「夢的材料與來源」及第六章「夢的工作」詳細討論。他認為飛翔的夢源自於幼年時兒童身體上的經驗，構成了兒童最早的身體刺激，以及由此產生慾望的連結。就像是大家都很熟悉的大人常和嬰兒玩的拋接遊戲，把孩子高高舉向空中然後突然放下像是跌落，或者是讓孩子坐在大人的膝上然後伸直腿讓他滾下。這些含有運動成份的遊戲對孩子有很大的吸引力，或許在成年人身上也可以發現趣味的遺跡，就像是成長後的成人玩海盜船，盪到高處再從高處落下一樣，體驗令人回味的身體感受。

佛洛伊德認為這種源於兒童的嬉戲，飛行以及墜落的感受成為一般「飛翔或漂浮於空中的夢」重要的材料[4]。

---

4 詳請參考佛洛伊德《夢的解析》第五章與第六章。

達文西留下的草稿中有許多飛行器的設計圖，包括螺旋槳、滑翔翼、可以把人帶向天空的飛行器......等。他的筆記也展現出他對於模仿鳥兒在天空飛翔十分熱衷，他從童年時代開始，就以個人的方式專心於飛行問題的探究。達文西在科學筆記中曾記載了一段童年的記憶，這一段筆記原本描述禿鷲飛行的情形，但他突然中斷，回憶起湧現在腦海裡的早年記憶：

似乎我是命定了與禿鷲永遠有這樣深的關係。因爲我憶起了一件很早的往事，當我還在搖籃裡時，一隻禿鷲向我飛來，牠用尾巴撞開了我的嘴，並且還多次撞擊我的嘴唇[5]。

關於這個夢/回憶，無論是「鳥」或者是「尾巴」，佛洛伊德認爲都是帶有男性生殖器，甚至是性行爲的聯想。除此之外佛洛伊德把這段童年的夢連結到達文西幼時的成長經驗。達文西是私生子，他的全名是Leonardo di ser Piero da Vinci，意思是住在文西鎮(Vinci) 皮耶羅先生(Piero)之子——李奧納多。名字中的「ser」表明他的父親是一名紳士。達文西的幼年期，三歲以前跟母親的關係非常親密，一直到將近五歲的時候，因爲他的父親

---

[5] 佛洛伊德所引用的德文譯本並不準確，達文西原文所指的鳥應該是「鳶」，而不是「禿鷲」。雖然有人因為這個錯誤而不願接受這個研究，但事實上佛洛伊德的研究主題起始於達文西幼年的情感生活，深刻剖析了他性心理史的產生。

長年沒有子嗣，才把達文西接回到家裡來生活，自此和親生母親分離。佛洛伊德認爲達文西幼年時與母親在嘴巴上的親密接觸，可能是源於乳房的吸吮，也可能是母親親密地親吻著他，這些經驗構成他最早與母親慾望的連結。這樣的慾望成爲他後來回憶起「鷲的夢」以及發展他對於飛行乃至於創造飛行器夢想的根源。

飛行的願望以及達文西對於母親的慾望連結在達文西的另部作品「聖母子與聖安妮」也能找到線索。這幅圖裡有耶穌、小羔羊以及聖母與她的母親聖安妮。圖畫在構圖上相當特殊，幾個人物不自然地重疊在一起。達文西出生就是不知道父親爲誰的私生子，在五歲以後被接回父親家裡，當時父親剛娶的繼母和達文西的關係很好。於是我們可以感覺到在「聖母子與聖安妮」圖中那些疊合的照顧者們，正像是達文西幼時對於母親、繼母、祖母等多位照顧者結合在一起的圖像。而疊合的構圖，從塗黑陰影的區塊看起來，正像是一隻禿鷲的樣子。(圖1)

圖1 聖母子與聖安妮

達文西的性格特質

在《達文西及其童年的回憶》一文，佛洛伊德根據傳記與史料文獻整理了達文西人格上的特性。達文西創作速度很慢，甚至最後作品常常無法完成。佛洛伊德是這樣形容達文西：「對一幅作品反覆創作感到苦惱，最後從其中脫身出來，卻又不關心它未來的命運。」例如他爲米蘭修道院繪製「最後的晚餐」，他花費了整整三年的時間，而知名「蒙娜麗莎的微笑」也耗費了四年多的時間，甚至也未交給當時的委託人，最後無法確定是否完成。

除此之外，達文西在性格上也顯露對於和平的矛盾，他常常譴責戰爭與流血，甚至因爲不願意剝奪生命而不吃肉食。但這些卻不妨礙他作爲軍事總工程師爲惡名昭彰的波吉亞(The Borgias)家族服務。他作爲一個科學家、工程師，留下來的設計圖手稿更是不乏致命的殺人武器，這樣的矛盾讓人感覺好像達文西並不自覺自己參與了暴力，甚至感受不到他對於殺人的殘忍與善惡的感覺。

達文西對於性慾是冷漠拒絕的態度。根據佛洛伊德的說法，在那個慾望橫流與禁慾主義相鬥爭的文藝復興時期，他表現出當時畫家少見的性冷淡。雖然並不確定達文西是否和女人有過親密的聯繫，但達文西身邊有很多漂亮的男孩與青年，甚至有不少位年輕男性以徒弟的身分跟隨在他的身邊。雖然沒有確切的資料，達文西時常被懷疑與他男性徒弟過從甚密，甚至在當時曾被指控和年輕男人有同性戀關係[6]。

達文西性格上也表現出對於威權的輕視與對宗教的質疑。達文西曾說：「當一個人出現不同觀點就求助於權威，那並不是用理性工作，而是用記憶工作。」這被認爲是他大量的發明與創新的心理基礎。他當時曾被指控不信教以及背叛基督信仰，因爲有人認爲他無法接受聖經創世紀內容與地質學研究結果的明顯偏差。佛洛伊德認爲達文西童年對於父親的反抗，決定了他後來對於威權質疑的性格以及科學研究的成功基礎。

宮崎駿與達文西性格的相似

首先，宮崎駿對於和平的矛盾和達文西非常相似。一般人對宮崎駿最熟悉的是熱愛環保、反戰的印象，但前面的文章介紹宮崎駿對於軍事武器的特別愛好，而宮崎駿本人在漫畫以及訪談中也不只一次地自嘲自己在公開場合難以承認對於戰爭與軍事的熱愛。如果把宮崎駿鉅細靡遺繪製戰鬥飛行器、戰車、發射武器的製圖，和

6 當時同性戀行為是違法的事情，達文西被指控為同性戀的判決結果是無罪。

達文西過去設計軍事武器的創作手稿互相對照，上面同樣有著各種詳盡的細節以及密密麻麻但工整的文字說明，可以明顯看出兩人熱愛軍械與專注智力思考的相似性。

雖然熱愛軍武，而且宮崎駿本人對這樣的嗜好時常覺得不好意思提起，但對於權威，他有著和達文西一樣的反抗態度。1941年出生的宮崎駿經歷1960年代美日安保條約的學運潮，雖然就讀於產經學系，但一出社會就加入了東映動畫公司。當時創風氣之先，他和好友高畑勳在東映動畫公司共同組創了工會，爲動畫勞動者爭取工作權益，宮崎駿還擔任工會的書記長。從早年爭取提高動畫基層工作者的薪資，到後來參與反對核能發電運動及公開批判戰爭的歷程，都可以看到宮崎駿一貫的作爲抗議、反對者的軌跡。

對於創作的熱情投注在宮崎駿與達文西兩人身上也是非常相似的。日本動畫的發展源起於「漫畫之神」手塚治虫，他當時發明了省工的動畫製作方式，將每秒24張的作畫張數縮減爲8張，大量節省了動畫製作的時間與成本，但也犧牲了動畫的流暢性。手塚治虫的「貧乏動畫」開啓了日本動畫工業的發展，但對當時後起的宮崎駿而言，他無法接受這樣的動畫製作方式。在宮崎駿可以開始主導自己的動畫製作後，無論是故事的題材、劇本、場景的設定，乃至於原畫的繪製，他都會親自深入的參與。他與高畑勳在東映公司共同製作的首部長篇動畫「太陽王子/豪爾斯的大冒險」，製作時程一延再延，從原本一年的製作時間，最後延到三年，可以看出他投入創作時不計成本與費時的用心投注。而他繪製的漫畫版《風之谷》，最後完結總共七冊，也花費了12年的時間才順利完成。

宮崎駿、飛行與他的父親

除了性格上的相似，宮崎駿與達文西的童年也有類似的經歷。宮崎駿的母親在他六歲的時候就被診斷有結核病，之後臥病在床，從那個時候開始，他就像是失去了母親一樣，必須要擔當照顧自己，甚至照顧兩個弟弟的責任。就像佛洛伊德認爲達文西過早離開母親，而投入了與父親的競爭，宮崎駿對於他父親的感受也是非常矛盾的。「一個公開聲明不想上戰場，卻又因爲戰爭而致富的男人。隨時都能與矛盾和平共處。我的父親就是這樣的一個男人。」「從小我就認爲我父親是個錯誤示範。可是我卻覺得自己跟他很像，那種雜亂無章的處事風格與矛盾和平共處的態度，我都繼承了下來。」[7]宮崎駿是這樣描述他的父親的。除了表現出對於父親敬愛又競爭的矛盾情緒，也間接承認了自己承繼了那些他自稱難以接受的父親的性格。

宮崎駿出生在1941年，二戰時期(1939~1945)他的父親就在家族的「宮崎航空興學」工作並且擔任廠長。「宮崎航空興學」是當時日本數一數二的飛機零件製造商，所以宮崎駿小時候的生活相較於其他一般人還是相當優渥。宮崎駿曾經提過一件關於父親的軼事，在宮崎駿的哥哥剛出生時，他的父親接到徵兵通知，部隊準備開拔前往中國時，長官在行前問：不想去的人就提出申請。一般而言，這只是爲了提振部隊士氣的話，沒想到當時他的父親竟然眞的以「照顧妻子與襁褓中的孩子」爲理由申請退出，而沒有前往戰場。宮崎駿不只一次公開地像上述的方式提起自己的父親，大多是負面評價，但另一方面，他也自嘲地表示這些父親的性格他都一一承繼了下來。

佛洛伊德是這樣描寫達文西的：由於達文西很小的

7 <父親的背影>（朝日新聞）一九九五年九月四日。中譯可參考《出發點》(2006) 東販出版。在該篇文章宮崎駿提出了數件父親「雜亂無章」的處世風格，包括：拒絕上戰場卻又靠製作軍需品牟利、擔任工廠廠長卻生產許多瑕疵品、成天在女人堆裡打滾......這是宮崎駿眼中「馬虎度日」的父親，但他同時也以自己都繼承了父親的性格自嘲。

時候就從他母親的身邊離開，並投入了另一個母親的照顧，所以很快就陷入要跟父親競爭照顧者的關係。佛洛伊德把這樣與父親競爭的心理，發展連結到達文西後來對於權威的反抗態度。我們無從確認宮崎駿是否從小就有和他父親的競爭關係，但從他成年後的回憶與談論父親的態度，可以明顯地感受到他對於父親既愛又反感、既是認同卻又否定的矛盾情緒。這樣的情況，我們很容易想像是從宮崎駿幼年時期就開始發展，而不是在他成年後才突然發生的。他對於父親既是認同卻又否認的態度，讓了解宮崎駿的人聯想到他對於權威乃至於他所熱愛喜好的事物，如軍事、武器所展現的矛盾情緒。

另外值得一提的是宮崎駿與漫畫/動畫大師手塚治虫的關係。手塚治虫在日本被稱作「漫畫之神」，在日本的動畫史上，他是日本動畫產業重要的奠基者。在手塚治虫的年代，他發展了一種被稱爲「有限動畫」或者是「貧乏動畫」的技術，透過把每秒24張的作畫數減少爲8張以下的做法，可以大幅減少動畫製作的時間與成本。對此，對創作過程非常講究的宮崎駿相當不以爲然。手塚治虫先生過世時，宮崎駿寫過一篇文章[8]，內容針對手塚治虫的「有限動畫」大肆批評，不只是批評「有限動畫」製作技術對於動畫品質以及預算經費造成的影響，他還批

[8]「看完手塚治虫的《神之手》之後，我便與他訣別了」《Comic box》一九八九年五月號。中譯可參考《出發點》(2006) 東販出版。

評了數部手塚作品的內容，用詞包括了「厭惡」、「廉價色彩」、「莫名其妙」......等，甚至他說：「手塚先生至今對動畫界所發表的主張和意見，全都是錯的。」措詞相當嚴厲，完全不像一般哀悼逝者的文章。宮崎駿說自己曾把手塚視爲是競爭對手，但或許手塚治虫並不把自己視爲是對手，即使如此，他對於日本動畫的開創者手塚治虫還是有一份敬意：「就像天皇駕崩象徵著昭和時代結束一樣，他的過世也讓我有同樣的感覺。」可以看得出來宮崎駿對手塚治虫的感受非常複雜，既有敬重，但也有明顯把他視爲競爭對手的態度。這種對於把地位崇高的對象視爲對手，既是模仿學習、敬重又是輕蔑、敵視的態度，這樣的關係很難不讓人聯想到宮崎駿與他父親的關係。另外值得一提的，在針對手塚的文章裡，宮崎駿提到了一段乍看會讓人有點難以理解的批評。他抱怨手塚參與「西遊記」製作時主張結局要讓孫悟空的情人死掉，但爲什麼要做這樣的故事安排，手塚卻提不出任何理由。故事劇情讓主角情人過世或許的確會讓有些影迷難以接受，但是宮崎駿提到這段軼聞，並且視之爲「總算讓我和手塚治虫告別」的理由或許更叫人難以理解。但是如果我們了解宮崎駿早年母親就臥病，讓他必須從小就更爲自立，以及理解從那時就存在的他與父親之間認同又競爭的關係，逝去的孫悟空情人爲什麼讓他那麼注意，甚至視爲他與手塚治虫「告別的理由」就不是那麼難以理解了。面對手塚治虫以及他所創作的角色孫悟空與他的情人，宮崎駿對於這些對象的態度正反映了他童年時期經歷母親重病消失，接著轉向認同父親的過程發生困難的種種複雜心情。

動畫「龍貓」

「龍貓」的故事非常簡單，以至於許多人都認為這不是一個有故事性的作品，但這齣動畫裡龍貓的造型令人印象深刻，各種龍貓的玩偶與周邊商品到現在經歷了將近三十年的時間還是熱賣。「龍貓」的企劃案是在1978年提出，經歷了多年的醞釀與事前工作，在1988年才順利上映，而故事的構想是源自於1976年時，宮崎駿繪製的繪本。

故事的內容大致是這樣：因為媽媽生病需要靜養，兩個小女生和他們的爸爸搬家到鄉間的屋子去住，等待媽媽從醫院出院回家。在這段待在鄉下大屋裡的期間，孩子們遇見了龍貓。故事的高潮在醫院突然來了一通電話，通知媽媽將會延後出院，兩個孩子非常心急，但又不知如何是好。這時候出現了貓公車，帶著兩個孩子去醫院找媽媽，到了醫院她們在窗外看到媽媽，心裡也就放心了。

如果參考當時宮崎駿提出的企劃書[9]，他對劇情的描述非常簡短，相較於劇情內容，企劃書內對於角色設定的內容就多很多。姐姐小月(皐月)、妹妹小梅[10]與爸爸、媽媽之間的關係，在角色設定的內容裡都有詳細的描述，企畫書裡生動的關係摹寫雖然無助於劇情鋪排與對話台詞，例如：「小月喜歡父親，包括父親的缺點在內，但在她的心目中父親永遠是世界第一。」「對小月而言，母親的形象是耀眼的......假如能像母親這麼漂亮就好了......小月在心裡想著。」但讓人想像這些角色是否有現實中眞實人物的參考，或者其實是作者宮崎駿本人眞實的情感抒懷。有人曾經問宮崎駿：爲什麼「龍貓」故事設定的角色是兩個小女生呢？宮崎駿的回答是：因爲我是男生呀！如果我設定成男生的話，就很像在寫自己的事情，好像很露骨的感覺[11]。就因爲故事裡姐妹角色正是以宮崎駿以自己童年時代爲原型的創作，才會讓作者本人提及

9「龍貓」企畫書中譯可以參考《出發點》(2006) 東販出版。

10 姐姐台灣譯名為小月，日文的原文是皋月，是五月的意思。妹妹小梅，日文發音為may，也是五月的意思。故事裡妹妹是很依賴姐姐照顧的小女生，但是事實上故事設定姐姐不過9歲，也還是需要照顧的年紀。兩個小女孩取名的共通性，似乎讓人感受到照顧者與被照顧者同時都有需要被照顧的需求。這樣的情況與9歲的年紀讓人想到了宮崎駿年幼時因為母親生病而需要負擔起照顧弟弟們責任的童年經驗。

11「龍貓並不是因懷舊而製作的作品」訪談，中譯收錄於《出發點》(2006) 東販出版。

時覺得太過露骨而感到害羞吧！

宮崎駿的母親

宮崎駿的媽媽從他很小的時候就因爲結核病臥病在床，常常需要出入醫院。從不到三歲開始，宮崎駿就常常搬家。東京都出生的宮崎駿因爲父親的工作不到三歲就搬到栃木縣，曾經跟著爸爸的工作住過宇都宮與鹿沼市，後來因爲媽媽病情惡化需要在醫院治療又再搬回東京。所以「龍貓」的故事中生病不在家的媽媽以及在都市與鄉間搬家遷徙正是宮崎駿幼年時的親身經歷。「龍貓」裡的鄉間大屋靈感，也來自他小時候居住鄉間的回憶，企畫書裡設定的年代約在昭和30年代初期，正是宮崎駿的小學時期，也就是在那時候他的母親病情惡化，他開始肩負起必須獨立自主以及照顧弟弟的責任。從宮崎駿的個人成長背景連結到「龍貓」的創作內容，可以發現宮崎駿「龍貓」創作一個重要的核心——重病臥床的母親，以及失去母親照顧的孩子必須快速獨立的成長過程。

如果深究宮崎駿動畫創作的「原點」，宮崎駿曾經不只一次提及他最初看動畫「白蛇傳」[12]的感動，這部宮崎駿青少年時看過多次的電影，成爲讓他立志成爲動畫師的重要相遇。對於年紀輕輕的宮崎駿而言：「劇中的白娘子美得令人心痛，我彷彿愛上了她，因此去看了好多遍。那種感覺很像是戀愛。對於那時沒有女朋友的我來說，白娘子就像是情人的替代品。」[13]動畫「白蛇傳」基本上是當時日本動畫向美國迪士尼學習的成果，所以除了中國民俗故事白蛇傳的角色外，裡面還設計了許多可愛的擬人動物角色，包括貓貍、熊貓等等。（圖2）

圖2 日本動畫白蛇傳法國版海報

日本動畫「白蛇傳」的故事和中國民間故事白蛇傳內容大抵相符：男主角許仙與女主角蛇精白素貞相戀，但因爲人妖殊途，所以和尚法海處處阻攔兩人的關係，並且要把蛇精收服。過程中經歷了許仙的死去，白素貞歷劫取得能夠讓許仙復生的生命之花。最重要和中國故事白蛇傳不同的是結局，日本動

12日本第一部彩色長篇動畫電影。一九五八年正式上映，那時候宮崎駿高三，正在準備大學入學考試。

13「月刊繪本別冊Animation」 一九七九年三月號。

畫的結局讓有情人終成眷屬，和尚法海也受兩人的愛情所感動。

人妖殊途的愛情故事最令人動容的就是，兩人命定無法結合的現實以及即使有無法結合的現實阻隔卻也無法阻斷兩人堅定的愛意。蛇精「白素貞」這個角色作為宮崎駿邁入青春期第一個愛戀的對象，讓人注意到了這樣愛戀對象的特質：命中注定無法結合，甚至要遭遇無情現實的阻隔、拆散，以至於愛戀這樣的對象幾乎成為不可能，這也成為這份戀愛中最浪漫迷人的部分。如果我們依循著這樣的特質，往愛戀者的童年期，甚至是嬰兒時期更進一步推前尋找，那麼這樣的對象之於一個男孩，除了母親之外就再也沒有別人了。愛戀母親，除了要與自己的父親競爭之外，對於宮崎駿的成長還有一段更難以言明的經歷，那就是母親的驟然消失。就像他為「龍貓」中讓人覺得表現超齡的姐姐小月辯護時說：「有人說小月的所作所為哪裡像個10歲的小女孩？……應該是那樣沒錯……因為我當時就是這樣。我會打掃、燒熱水，還有煮菜……」[14]經歷了童年時期的愛戀與失去，或許宮崎駿當時並不明白失去的意義，但從與白素貞這個角色相遇的那一刻起，似乎所有過往的經歷都能夠重新再被理解。在這樣童年期的慾望中，重新經歷過往並且

14「龍貓並不是因懷舊而製作的作品」訪談，中譯收錄於《出發點》（2006）東販出版。

嘗試得到滿足，在「龍貓」故事的創作中成爲角色們存在與行動最根本的動機。

什麼是「龍貓」(Totoro)？

「長相酷似被毛茸茸的細毛層層包裹的大型貓頭鷹或是貛或是熊。這種也許可以稱作妖怪的生物並不會對人類造成威脅，只是悠哉自在、隨心所欲地過自己的日子。他們就住在森林中的洞穴裡，或是老樹巨木的空洞內。」[15]

宮崎駿最喜歡的日本國民作家宮澤賢治在1921年出版了膾炙人口的童話《橡果與山貓》，宮崎駿自小就非常喜歡這個童話。他曾經這樣說道：「我最喜歡宮澤賢治的《橡果與山貓》，可是無論看再多遍，我還是不知道那隻山貓的模樣，也沒有必要去知道。」「當我看到那些插畫，我很不喜歡。竟然把山貓畫得那麼小隻。」他對於宮澤賢治童話裡的山貓想像是：「兩公尺左右的巨大山貓呆呆站著遙視彼方，腳邊的小橡果嘎吱嘎吱作響地轉動滾動著。」[16]宮崎駿對於宮澤賢治童話裡山貓的

15「龍貓」企劃書、導演備忘錄（1978）。

16「龍貓並不是因懷舊而製作的作品」訪談，中譯收錄於《出發點》(2006) 東販出版。

想像和龍貓的造型設計非常相似，他自己也承認龍貓造型的設計受到宮澤賢治童話的影響。在「龍貓」開場小月與小梅進入大屋裡四處探看的過程中，屋子裡突然掉下來的橡果實也讓人聯想到《橡果與山貓》中的橡果。

除此之外，1972年由高畑勳監製，宮崎駿與其合作的動畫「熊貓家族」中熊貓的設計也被認爲是龍貓角色設計的原型。由宮崎駿負責的劇本內容大致是這樣：主角小女孩米米因爲祖母去參加葬禮而一個人在家。米米卻發現家裡出現一隻能夠講人話的小熊貓胖胖，以及牠的父親——爸爸熊貓。於是米米讓爸爸熊貓當自己的父親並且自己擔任胖胖的母親。實際上爸爸熊貓和胖胖是從動物園逃出來的。從巡警那邊了解事情的動物園園長過來米米家要把他們帶回去，卻發現胖胖失蹤了，沒想到胖胖竟然掉進河裡。故事的最後米米和爸爸熊貓成功從河裡救出胖胖，然後繼續著快樂的生活。這個故事的原型和龍貓非常相似，包括家庭成員中母親的缺席，以及孩子孤單時出現的巨大、圓滾滾又毛絨絨的生物。除了圓滾滾又毛絨絨的物理特徵之外，或許像是龍貓、熊貓這樣的存在對於角色或創作者有重要的心理意義，尤其是作爲孩子孤單寂寞時的陪伴。宮崎駿曾這樣說明龍貓存在的意義：「光是龍貓眞實存在這樣的事，就可以讓小月、小梅獲得解救......僅僅只是存在而已......」[17]這樣的存在意義或許不只是對於小月、小梅以及作者宮崎駿本人，甚至是對於童年時的宮崎駿也有非常重要的意義。

過渡客體

溫尼考特在1951年的文章 <Transitional Object and Transitional Phenomena> 提出了過渡客體與過渡現象的概念，記述了嬰兒在發展的過程中，逐步發展的一種使用「非我」的能力。在這個發展的過程中，一條毯子或者是柔軟毛絨的玩偶都是常見身外之物的「非我」存在。溫尼考特常以大家都很熟悉的泰迪熊[18]作爲範例說明，但或許「龍貓」是一個近代大家更爲熟悉的例子。動畫上映至今已經將近三十年，許多孩子晚上還是緊緊地抱著龍貓的布偶一同入睡，或者是讓龍貓的形象輾轉複製在各種實物包括文具、公仔、毛巾、被單......成爲許多孩子甚至是成年人生活中，一個難以確切言明意義卻又眞實存在的具體象徵。根據溫尼考特的說法：「這種嬰兒期建立的模式可能會一直持續到童年，所以孩子在就寢

17「龍貓並不是因懷舊而製作的作品」訪談，中譯收錄於《出發點》(2006) 東販出版。

18 泰迪熊(Teddy bear)是歷史悠久的絨毛玩具。1902年德國玩具製造者瑪格麗特史泰福(Margarete Steiff)開始製作玩具熊，至今該公司仍在生產與向全世界出口。據聞，泰迪熊的名稱來自於當時美國老羅斯福總統一則打獵軼事。

或是面臨情緒低潮威脅時，絕對需要原來這個柔軟的客體。」「孩子在幼年建立的對某個特殊客體或某個行爲模式的需求，在後來遭逢剝奪的威脅時，可能會重新出現。」[19]宮崎駿「龍貓」的故事以及「龍貓」這樣存在的創造，正如溫尼考特所書寫「過渡客體」的案例那般，兩位主角的小女孩因爲母親生病住院而遭逢如同失去母親的經驗時，「龍貓」突然出現成爲一種撫慰孩子寂寞與失去的重要存在。作爲一種極富創造力的想像，介於幻覺與現實之間，這種呼應孩子想像的藝術創作，恰巧揭露了許多人心中難以用語言說明，卻又非常深刻的心理成長經驗。而這也成就了至今或許已經不亞於泰迪熊受歡迎程度，在許許多多孩子的床上與身邊陪伴著的「龍貓」。

就像是溫尼考特說的，過渡客體重要的不是它的象徵價值，或者它是否代表乳房或是母親，而是在於它存在的事實。宮崎駿也這樣形容「龍貓」：「光是龍貓眞實存在的這件事，就可以讓小月、小梅獲得解救......僅僅只是存在而已......」。

---

19 D. W. Winnicott (1971). Playing and Reality. 朱恩玲譯(2009).《遊戲與現實》心靈工坊文化。

「龍貓」中宮崎駿覺得最困難的畫面

「龍貓」故事的尾聲兩姊妹接到來自醫院的電話，電話中請爸爸來聽電話，但是爸爸並不在家，兩個孩子開始擔心，但卻不知道如何是好，接著兩個人就倒頭睡去。(圖3)這是宮崎駿認爲在「龍貓」中最難處理的畫面[20]。根據這段畫面，宮崎駿在訪談中提及了幾段回憶：剛搬去所澤的時候[21]，有一對父母以爲自己的孩子溺水，大家都一起在各處尋找。結果他們的孩子後來突然出現，全身毫髮無傷，他們只不過是跑到其他地方去玩罷了。發生那樣的事情是會讓日常生活秩序頓時

圖3 小月與小梅呼呼大睡一幕

20「龍貓並不是因懷舊而製作的作品」訪談，中譯收錄於《出發點》(2006) 東販出版。

21 琦玉縣所澤市曾經是宮崎駿生活與創作的地方，「龍貓」的場景很多被認為靈感來自於所澤市的峽山丘陵。

失控。

小的時候兄弟們一起去廟會，結果弟弟沒有回家。當時大家分頭找尋弟弟時的心情很複雜。後來才找到一手抓著陌生婆婆衣角，正在哭泣的弟弟。

另外，還有一段回憶是小的時候，宮崎駿很怕家裡的一個佣人，但是媽媽住在醫院，家裡常常是只有一個佣人和他在家。有一天佣人跟要去上學的哥哥說：「把狗也一起帶走！」還是孩子的宮崎駿那時候非常擔心，感覺坐立不安，不知道能夠找誰幫忙，但現在回想起來卻完全不記得那之後做了什麼？「應該是倒頭呼呼大睡吧！」宮崎駿回憶著這麼說。

這段宮崎駿非常在意的畫面連結著他回憶中，孩子對於面對失去事物的焦慮與無能爲力，在訪談中他接連聯想的三段回憶都有共同的特性：面對驟然失去人、事的焦慮，以及一個他現在回想起來覺得理所當然的解決方式「倒頭呼呼大睡」，彷彿經歷過的事件並不存在一樣。在製作完這段畫面後，宮崎駿說到他的感想：「明白這一切之後，我突然知道當時自己的反應了——因爲人生的空白得到解答了。」

這段最困難的畫面，用孩子呼呼大睡的方式，解釋了人生的空白，回應了宮崎駿在童年時期幾段經歷了某些親近的人事突然消失的經驗，而那些人事突然消失，很明顯地，宮崎駿以一種宛若解離失憶的方式，處理當下的悲傷、焦慮情緒。但若我們更深入當時宮崎駿的童年經歷，相比於廟會中突然走失的弟弟，或是家中不見了的狗兒，或許還有一個對於幼年宮崎駿而言更重要的對象在那個時期也突然消失——他因病住院的母親，而就像在這段訪談裡呈現的，「母親消失」同時也在他的回憶裡消失了。訪談中根據這段畫面所回想起的記憶並未包括他因病住院的母親的消失，但藝術家以一種創造性的手法置換了「龍貓」故事中兩位小女孩的母親——那或許正是宮崎駿本人幼年時的母親。面對著住院母親或有可能無法回家甚至消失的恐懼與慌張，小月與小梅倒頭呼呼大睡，巧妙地呈現了當時宮崎駿本人所經歷的一段心理歷程——讓這一切成爲一段回憶的空白。

死亡母親

法國分析師葛林(Andre Green)在1980年的時候，寫了一篇文章<死亡母親>。他認爲過去精神分析的理解，大部分著重在伊底帕斯情節以及與父親的關係，但葛林在臨床上注意到，有另外一種心靈結構是關於孩子跟母親之間的關係：經歷了母親意象的消失，但在日後卻像是從歷史中突然消逝的古文明，再也找不到任何遺跡。母親情感挹注突然轉變可能是因爲失去錢財、喪失親人、流產，或者是母親與他的先生感情關係生變......等，因而造成母親對於孩子的興趣改變。而當事人日後，卻有種不知道曾經憂鬱、不知道曾失落了什麼的感覺，好像懷抱著某種缺憾，但是尋找這份感覺的源頭結果卻是徒勞無功。在這樣的經歷裡，葛林認爲會有幾種防衛機制的可能：第一是很快地撤回了對於母親的愛，以至於在成長的過程中，好像出現一種空缺，但是卻不明白那是什麼。還有一種防衛機轉的可能是自己變成了自己母親，就像是自己的母親那樣來照顧自己。根據葛林的治療經驗，這樣的個案或許生活、事業很成功，但有一種自己也說不出來的缺憾，轉變成了一種自我珍惜、自憐的感覺。好像是一種自戀的形式，內在有一個凍結的愛，裡面冰冷的核心在燃燒。

「龍貓」的故事裡面，有個地方是在小月、小梅兩姊妹鄉下大屋旁的一大片樹林。這是動畫裡讓人印象深刻的一景，除了兩個小女孩在樹林穿梭冒險，「龍貓」也是在這片樹林裡大樹中的樹洞被小梅發現的。雖然在整篇故事裡沒有被直接提及，但從「龍貓」設計稿中的全景地理圖以及久石讓膾炙人口的配樂「塚森的大樹」，我們都可以很清楚了解那片林子被命名作「塚森」。雖然各種資料無法確切顯示「塚森」這個地名命名的意義，但「塚」字的原意就是墳墓的意思，不禁會讓人想像或許這片森林是作者心中爲誰安葬的墳墓。

葛林所提的「死亡母親情結」所指的母親並不是意指母親眞正的死亡，而是描述一種心靈結構，它的根源來自於母親情感挹注的斷然消失。這樣的心理歷程中所產生的自我(ego)缺口，或許可以藉由一些心理防衛機轉嘗試填補，但失去的客體無法被內化，也無法被遺忘，就像是「死亡的母親」被埋葬了，卻找不到墓碑，而讓死亡的母親活起來更是註定了她會再次死去(離開)。宮崎駿作爲一個藝術家，透過動畫的形式，深切地以藝術創作的方式嘗試填補他的自我缺口。「龍貓」故事中一直期待著母親回家的兩姊妹，最終能夠安慰她們的寂寞與不安的就是從「塚森」裡被發現的「龍貓」。「塚森」所要哀悼的或許就是宮崎駿本人無法確切哀悼的那段「空白」經歷。作爲一種並無確切遺跡的「墳塋上的愛」，宮崎駿用一種貼切的形式表現了葛林筆下的「死亡母親情結」。

藝術與創作：宮崎駿與達文西

最後，我們回到宮崎駿與達文西。宮崎駿與達文西有許多相似之處。佛洛伊德從達文西的「鷲之夢」以及達文西童年的研究，描繪出達文西童年對於母親的慾望以及與父親的競爭關係，並且從這樣的心理發展過程說明了達文西在科學與藝術上的創作動機。在類似的生長背景中，雖然我們並沒有類似達文西的「鷲之夢」那樣的線索，為我們揭露宮崎駿對於母親的慾望，但是從宮崎駿對於父親的態度與後來他對手塚治虫先生那種敬重又反抗的矛盾反應，我們還是可以連結一條相似的心理發展歷程與人格特質的可能性。而除了對母親的愛戀與青春期情感對象的選擇之外，我們從宮崎駿的作品「龍貓」中，發現了更多來自於宮崎駿童年時期「消失的母親」的影響。從葛林「死亡母親情結」這樣的理論來理解，宮崎駿的母親意象在「龍貓」這部作品中展現了更多於愛戀的豐富象徵。

宮崎駿與達文西在藝術創造上投注的巨大熱情，讓我們發現了如佛洛伊德所說的，藉由探索偉大藝術家傑出創作與其人格發展、生長背景，讓我們更能一窺人類心靈幽微的可能性。最後，除了心理創傷外，人類心靈活動的創造力，還有著許多帶有撫慰與療癒的可能性，就像當我現在提及就會馬上浮現在許多讀者心中的「龍貓」。溫尼考特的「過渡客體」曾經為我們非常詳細地說明了介於人與客體之間，那種透過「過渡空間」形塑的存在。藝術家透過他的創造力，眞實地讓想像與象徵成為確實的存在，而創作過程或許就像是一段精神分析歷程那般的經驗。在創作者宮崎駿完成了「龍貓」這部作品後，他這樣說道：

「在製作的過程中，我比以前更清楚自己的根本所在，還有自己的喜好。同時回想起自己的童年歲月、兒子們的幼年時光、如今已經長大成人的甥姪們的所作所爲。因爲這些回憶，使得我不再爲離家獨立的孩子們擔心煩憂。」22

22「龍貓並不是因懷舊而製作的作品」訪談，中譯收錄於《出發點》(2006) 東販出版。

宮崎駿的魔法世界

遺失的創造力

蔡昇諭
精神科主治醫師
臺灣精神分析學會會員

精神分析最清楚、最腳踏實地的作法，是從佛洛伊德開始所採用的自由聯想；從一開始拿到分析的車票就要開始執行，不管窗外風景是如何宜人愜意，如何哀愁憂懼，或是奔馳在田野的長頸鹿和蛇如何爭鬥或糾纏，一旦坐上這班列車，就得將這一幕幕風景交代清楚，不管驗票員如何打擾作梗。看電影時很像是在看導演的自由聯想，心情是可以輕鬆一些的，中立是沒有必要交代的立場，移情也是毋須爭論的自然感受。

對某一部宮崎駿電影的偏愛往往是相當個人主觀的，某個御風而起的畫面不斷出現在腦海中跟著進入夢中，或是某一段久石讓的鋼琴配樂，有可聽的動容也有可不聽的隱形滲透，不知不覺從電影聚焦的場景滑進觀賞者生活中的某個切菜或刷牙時刻，好像電影可以被觀者的獨特經驗重新拆解、清理，然後融入每個人心裡的枝枝節節之中，好比「龍貓」那株高聳似天的大樹如何被印在家鄉庭院的牆壁上，或「風起」德國飛機和日本飛機的競爭怎樣在這個無國界年代的經濟、政治或外交展場上繼續廝殺。

其他眾多影片裡的浪漫情懷往往躍然而出，皆出現加速度穿梭巷弄劃過天空的男女主角，例如「神隱少女」白龍帶千尋奔跑，穿過暗黑迷巷、倉庫、廚房和豬舍，「霍爾的移動城堡」霍爾則在戰火中，攬著蘇菲鑽過被黑色幽靈捕殺的大街小巷，用華爾滋的優雅舞姿漫步半空中，「魔女宅急便」蜻蜓騎腳踏車載著琪琪奔馳於蜿蜒公路最後幾乎飛行。

宮崎駿導演受到大眾的喜好，甚至成爲一種不褪的風潮，許多人不分年紀去購買龍貓、黑貓娃娃、抱枕、桌巾、海報……等，肯定有他迷人的說故事方法、畫面的美學、劇情的寓意和深厚的歷史背景。精神分析的工作在探討人的內在與潛意識，本文透過筆者淺薄的學識和經驗，嘗試瞭解「魔女宅急便」、「神隱少女」以及「心之谷」這三部片主角角色的心理歷程，和這幾部片中魔法所可能傳達的意涵，還有如何理解主角創造力的來源和消褪。

在「魔女宅急便」動畫的片頭，琪琪在窗台上突然告訴父親，她隔天就要離家了，她帶著雀躍期待的心去迎接這一天的到來，甚至來自於一股盲目的衝動，不過孕育這股衝動的種子也不完全是來自於她個人，而是來自於屬於一個魔女族群的傳統，十三歲時想要飛行的動力就會開始啓動。

精神分析是一種人在生命中自主地按下慢轉，暫停甚至倒轉的狀態，我們想著某個片刻的自己，琪琪的母親看著琪琪準備離家，驚訝之餘也讓母親本人的思緒倒轉到自己曾經離家的記憶中。

父母親和周圍的鄰居，也像參加某種畢業典禮的場合，見證這一刻的到來。生命之中，有些改變命運的事件出現，某些注定，但也又有一些未知數，等待人運用自己的潛力或特質前進。

電影版[1]中稍微仔細交代了父母親的出生背景，父親是人類，母親是魔女，如果在哈利波特，這樣魔法師和麻瓜（一種對人類戲謔的稱呼）的組合也不陌生。魔女琪琪對自己要成爲像父親的人類，或是像母親的魔女，顯得非常明確（我只想做個魔女），沒有猶豫，然而考驗卻是要如何在人類(父親)居住的環境中做個魔女，這對從小生長在魔女世界的琪琪是很陌生的，有可能琪琪對父親也是很陌生的，到人間探險是否意謂著開始了解父親所生存的世界？那個被遺忘的另一半世界。

我很好奇，帶著這份傳承自母性天賦的琪琪，如何承接這份禮物或是重擔？如果說精神分析的某個面向是要問自己從何而來，顯然當時的琪琪一點都不覺得這是個關鍵的問題，某些天賦異稟的人或許也自然而然遨遊於天地造化之中，一點都沒有任何障礙，但生命的苦難及趣味也在於當障礙出現時，當自然不再自然時。

1「魔女宅急便」電影版為由清水崇執導，在2014年3月上映的電影。

如果把琪琪的飛天掃帚魔法與兒童發展時所曾經出現各式各樣的魔幻想法相比，這則動畫似乎是在講一個從年幼孕育而生且伴隨成長的願望，充滿興奮之情，動畫中的想像力怎麼樣落實在旅行的所見所聞，而我認爲，在琪琪還沒開始旅行，想像力早就開始運作，推波助瀾，於是琪琪說：「我現在的心情就像拆禮物一樣興奮。」旅程就像是過著一個又一個迎接禮物的節日，如果進一步再想下去，琪琪離家的不安和對父母的依賴跑到哪兒去了呢？會不會透過想像力所帶領的冒險過程，抵銷了這些害怕？

當魔法實行於人間之初，挫折遠遠多於興奮，生澀的開端造成許多混亂，琪琪並不了解人間的秩序，不了解人類世界的移動方式是道路平面的挪移，而不是琪琪所熟悉的世界。

飛行的琪琪要如何在人間掌握掃帚、控制方向？也就是認識新的規則及空間概念，已經不再是以前在魔法世界中盡情變魔法過日子。

在幾部片子當中，兩個主要角色往往一個是擁有魔法的強者，另一個是不具備特殊能力的凡人，例如「魔女宅急便」中琪琪身爲天生的魔女，喜歡她的則是善於騎車想要將腳踏車轉爲飛行器的蜻蜓，「神隱少女」一塊磚都搬不動的千尋面對法力強大的湯婆婆，「霍爾的移動城堡」中被詛咒而一夜白髮的蘇菲卻協助擁有魔法卻內心脆弱不已的霍爾，這種魔法與人類之間對應的關係，如同是想像與現實之間往往互相呼應及需要，另一個層次則是關於擁有魔法是否眞的比較有能力的辯證，結果往往不是。

在片中經過一連串的快遞任務後，琪琪爲何失去魔法，無法再飛行？這是一個耐人尋味值得玩味的問題。琪琪面臨許多外在的壓迫，例如強風來襲、被烏鴉攻擊、遺失黑貓玩具而把眞貓當假貓等挑戰，她似乎都能一一克服，也開始提供生柴火烤派、換燈泡等其他相關服務，這些擴大了她在人間從事服務的經驗範圍。

琪琪先是接受男孩蜻蜓的邀約，又接連接到不少工作，看似因爲工作時間壓迫無法赴約而感到失望，或是因爲淋雨飛行而感冒臥床，另一個心情的衝突是否來自於看見接受禮物的女孩完全沒有任何開心的回應，而這個衣著華麗的女孩正進行著生日派對，相較於一襲粗陋黑衣的琪琪，也對比於得完成工作無法參加派對的琪琪。

當琪琪與蜻蜓約會騎車遊玩的喜悅被一群蜻蜓的友人撞見而消失，當一路相伴的黑貓愛上鄰家白貓而不再能和她通話，她失去聽懂黑貓話語的能力，她飛不起來了，她失去對抗重力漂浮的力量，那股心想飛成的力量化爲烏有。

當被分析者說他曾想起卻又想不起來的記憶，這時懊惱到腦中一片空白。沒辦法想或想不起來的狀態會不會就像飛不起來的魔女，而「阻抗」像是某種分析者試圖理解被分析者陷入泥濘的形容，在心中揣摩著這些阻抗力量來自精神結構的哪個位置，如何對抗和化解。

電影版中麵包店老闆娘安慰琪琪創業之初的門可羅雀「做不成魔女，做個普通人也不錯。」甚至表示「做個普通人，我不覺得沈悶。」這些在琪琪很想施展魔法的雄心壯志，卻經不起一通電話都沒有的挫敗之際所提出的言論，或許是大人的老生常談，卻也像預言一般暗示著未來失去魔法時的解決之道。

當灰心的琪琪到畫家大姊的山中小屋重新體驗生活，那恰好是她在飛行時，被一群黑色烏鴉攻擊摔落的地方，回到曾經跌倒之處，再從那裡爬起來。

她和大姊徒步一步一腳印到山中小屋，而不是以往熟悉的飛行方式，飛行可以瞬間從A鎮到B鎮，如同想像可以任意改變風景的座標，也可以讓凡人仰頭稱羨崇拜，也可以居高臨下，俯視一切。而這些曾經從飛行獲得的興奮及暢快都不見了。或許是一種對全能幻想的告別，也或許暫時失去飛行能力，才能讓琪琪眞正經驗到人類的處境，她與週遭的人們便能有同樣的時間感，琪琪不得不徒步走在草原、石子路和林中各種路徑中，也得因迷路或腳酸而低聲求人搭便車。

在經歷見山又是山之前，總有見山不是山的階段，在《走路，也是一種哲學》[2]一書中，作者說明步行是一種緩慢的重新體驗，「所謂慢，就是完美地貼合時間，直到分分秒秒宛如沙漏滴流，像小雨般滴滴答答地打在石頭上。這種時間的延展深化了空間。這是走路的奧妙之一，用一種慢慢靠近風景的方式，使風景逐漸顯得熟悉。」

電影版中的琪琪，則是發現自己只會飛行，其他都不會，而不會的對她來說反而都是魔法，例如騎腳踏車令她感到不可思議。一個學習新魔法（騎腳踏車）的過程讓琪琪感覺心裡有人陪伴的必要，一個恆在客體的重要，這個恆在客體的延續似乎是透過男主角蜻蜓的協助而完成。

從掃帚這個工具如何被使用的角度來看，剛開始它比較像是琪琪的玩具，它提供琪琪玩耍的樂趣，也讓衆

2《走路，也是一種哲學》，作者：斐德利克．葛霍，八旗文化。

人可以睜大眼睛注視她，一個她不用費力就可以獲得他人目光的「物品」。

在《論佛洛伊德的「創造性作家與白日夢」》[3]一書當中，佛洛伊德提到遊戲中孩童的幾個特質，這些特質或許跟後來的創造力有關。孩童投入相當多情感所創造出一個想像的世界，並且與現實保持分離。琪琪要從孩童轉變成大人，飛行不再是個遊戲，它與現實的分野逐漸消失，隨著琪琪的成長，魔法不會只是停留在要如何飛行，飛到哪裡的器具，也包含這項能力要如何在現實中找到一個寄放之處。她體悟到掃帚可以是一個傳遞人們喜悅，分享禮物的工具，也可能變成攻擊、復仇的載體。

於「心之谷」這部關於作家如何獲得靈感及實現的片子裡，女主角月島雯從隨興的塡詞到非寫出不可的創作，她因爲對男主角聖司的愛戀而效法他追尋一項技藝的磨練，她著迷於寫歌詞的興趣，便開始發展去寫一部小說，月島雯認同了聖司，當她看見聖司所製作的小提琴，讚嘆道「簡直跟『魔法』一樣」，她想要寫完美的小說，如同聖司想要製作完美的小提琴，像是一種初生之犢的全能幻想，眞誠但難以實現。

3《論佛洛伊德的「創造性作家與白日夢」》，臺灣精神分析學會，五南出版。

聖司的爺爺把帶有綠寶石成分的石頭拿給女主角看，「如果要做小提琴、寫小說，則要從心裡找到那塊石頭，經過磨練。」月島雯做了場惡夢，顯示她對創作的焦慮，她於夢中努力奔跑在景物變化的路上，出現幾個洞口，「哪一個才是真的？」撿起一顆晶瑩剔透的寶石，握在手中，打開發現一隻早夭的雛鳥。她的創作力量背後或許連結到能否和聖司重逢的願望，如果自己無法像聖司那樣專注在技藝上的追求，如果無法把自己琢磨成一顆寶石的下場會怎樣呢？

月島雯的青澀小說暗喻，如何在心中「超我」嚴厲要求不眠不休的工作下，找到一條「原我」仍能興奮歌唱的空間？內容談到貓伯爵的由來，他是手藝粗糙見習生的作品，但因為被愛澆灌，所以有愛人的能力。貓伯爵像是自己創作時內在的投射，她創作的過程不乏協助她的人，父親、聖司爺爺及胖貓。

「霍爾的移動城堡」中有個四色開關，可以立即將城堡移放到綺麗祥和的國度或戰火日夜的大地。創作者的空間就是營造一個從現實通往想像的空間，「心之谷」聖司爺爺的工作室，擺放著鐘琴與貓男爵的雕像，流傳著爺爺自己失落的情感記憶與貓男爵的童話傳說，工作室也是月島雯融入聖司提琴世家和諧樂音的歡唱空間，加斯東．巴什拉的《空間詩學》談到：「一個作者內在擁有的房間，以及他把生活中不存在的生命活起來。」月島雯在聖司離開的失落空間裡醞釀自己的創作。

溫尼考特於《遊戲與現實》[4]一書中提到關於創造力的定義，也就是面對外在現實時，興味盎然的生存態度。創造力並未僅侷限在作家或藝術家的創作功力，而是每個人在面對自身生活的某種前進節奏、靈感風味或思想領悟。創造力往往從遊戲出發，藉由一些模仿或假裝，當蜻蜓看見飛行船，或羨慕琪琪飛行的能力，他試圖製造飛得起來的腳踏車。

魔法是需要被駕馭的，否則也會有可能毀壞琪琪的幻想，也有可能導致她把這支獨特的「自己」折斷、塵封或隔開。如同霍爾中的蘇菲如何面對火不被燃燒，卻又能夠運用它協助霍爾走下去。

畫家大姊與琪琪分享畫畫就像魔法，有時也會失靈畫不出來，畫家大姊在琪琪同樣年紀時，也曾經有低潮無法創造的時候，那時候她發覺到自己的畫都是在模仿別人，然而要如何畫出自己，似乎也只有不斷原地踏步的練習，還有休息。

折翼之後的天使才會開始思考自己以前為何可以飛

4《遊戲與現實》，唐諾．溫尼考特，心靈工坊。

行。琪琪要如何理解自己的魔法消失呢？原本再自然不過的創作停頓下來的時候，想到的會是如同畫家大姊，自己爲何而飛？或是傳承自母親的能力換作在自己的身上開展，又要如何能飛出自己的天空呢？

雖然片尾琪琪是因爲男孩蜻蜓的生命危險而重新飛起掃帚，表面上是想要拯救一個讓她情感矛盾，可能愛戀的對象，所激發的動力，這也是電影慣用的奮不顧身英雄救美元素的翻版老梗，但我以爲從琪琪在失落時，仍然可以從現實中汲取與自己有關的經驗，她並沒有因此放棄魔女做個凡人，她容許自己留白而重新銜接與生俱來的天賦，她也受到畫家大姊的啓發，沒有將當初攻擊她的烏鴉視爲害怕的敵人，在充滿夏卡爾風的黑夜飛行畫作這幅畫中，琪琪與烏鴉是飛行的旅伴，魔女的側臉變形爲長出馬匹耳朵及獅鬃的奇幻人獸，這代表內在擁有不同於之前，是有更異質更豐富的元素居於其中。

黑貓對琪琪而言，不僅是陪伴她不變的過渡客體如玩偶，它從寵物、玩伴變成一隻不再說話的貓，宮崎駿讓貓也隨著主角的改變而改變，貓也有屬於自己的蛻變。「心之谷」中貓的角色意義更多重而有意思，它可以是引發月島雯好奇尾隨進入想像世界的胖貓，當月島雯聽到老爺爺對她創作的評價時激動、哭泣，胖貓卻一副事不關己的模樣打哈欠、走開，它也化身一面冷靜清楚的鏡子，讓敏感易於受挫的心回到平常心。還有擬人化爲理想情人的貓男爵，牽領她上天下海開發其豐富的想像力。

相較於魔女琪琪逐漸下降到地面的眞實處境，「神隱少女」千尋則反方向地上升到荒野半山腰上，一處被人類貪婪的慾望過度開發但終究圮倒如廢墟的虛幻城鎭中。千尋是被丟擲到那個莫名其妙的世界的。當她從熟悉的時空不得不離開，由於父母搬家的緣故，她的焦慮反應在與父母進入山洞時的怯步和依賴上，她需要緊抓著母親，才不會被來自陌生的巨大的害怕呑噬。她不是大膽又好奇的武陵人闖入不知有漢無論魏晉的桃花源裡，她脆弱的自我尙無法睜大眼睛，如同武陵人去觀察儼然屋舍阡陌交通。

在「神隱少女」的故事終點，父母一點都不知道自己曾被變成豬，只有千尋知道，這個故事很像千尋獨自做了一個夢，夢醒時自己百感交集，懷疑著哪個是眞實？哪個是虛幻？雖然只有自己能照見這心中的過程，但卻如此眞實而有所領悟，而能用珍惜的角度面對父母。

這場千尋和觀者一同進行的夢也通往兒時的記憶，千尋一直感覺白龍似曾相識，沒想到卻是在年幼救過她的琥珀川堂主。

然而創作者在最後安排一個千尋不能回頭，否則回不到現實，類似奧菲斯之歌的橋段，回頭是一種無法承受在漆黑隧道裡的膽怯，無法忍耐暫時看不見光亮，或是擔心尤麗狄絲跟不上腳步強迫般忍不住確認。

千尋的夢遊仙境是不能以人的身份進入的，她忐忑不安地在宮殿外圍黑暗之中攀爬著樓梯，而在宮殿內則是各種生物神怪聚集，舉行著慶典、宴會、湯屋、迎財神活動等。人需要睡眠不被驚醒才能做夢通往潛意識，做夢時的人還是清醒時候的人嗎？可能是也可能不是，如果是的話會不會就進不到夢中了，千尋要取得進入宮殿裡的入場券是要變換一個自己，她需要找到一個工作的位置才能繼續做夢，如果她被發現是個人類，她或許也會被變成豬，或許她忘了自己是誰也忘了父母在哪，但是如果我們少做一個夢，損失的又是什麼？

如果事情可能像精神分析想得那麼複雜，那麼千尋對父母的情緒跑到哪裡了呢？如果和同學的關係得因爲父母而分離，千尋難道不會對父母有一絲絲埋怨或不滿嗎？而父母轉變爲豬該如何解釋呢？

將人物轉變爲動物的創作手法並不罕見，在卡夫卡《變形記》中主角格里高變成甲蟲之後的遭遇，卡夫卡讓主角的家人跟著他的創作一起荒謬，傳遞父母妹妹對變成甲蟲主角既厭惡又憐憫，既排斥又不捨的深刻情感。

我們可以理想化某人而讓偶像在心中永遠完美無瑕如媽祖，有沒有可能千尋對父母的難言情緒而將父母的形象轉變爲豬呢？當然許多人大可以反駁父母是自己因爲貪吃而被懲罰，這跟千尋有何關係呢？不過既然心理玄妙的力量可以引領創作者，將想像中千尋的父母變成豬，那麼容許觀者揣摩主角的心理的深井，有沒有甚麼大大小小的石頭也不爲過吧！

或許有許多理由讓千尋在心中想攻擊父母，而一旦千尋攻擊的願望成眞（就讓他們變成豬好好吃吧！或他們只是豬不會是我的父母......），父母不只變成豬還不見失蹤了，這樣所引發的罪咎感會不會也讓千尋開啓她的尋找歷程，尋求修復，讓心裡的父母得以延續，不會眞正消失。

父母擁有瘦小千尋所訝異的胃口，這正是小孩難以跨越進入大人世界的差距。如果把大人小孩之間的距離擴大到如格列佛遊記中，船長在小人國裡如何被小人們對待，小人國皇帝驚訝於船長高聳如天的身材及造就此等巨人身材的食慾，皇帝下令京城方圓九百里之內的村莊，每早送來六頭牛、四十頭羊和其他零零總總的食物。父母吃不停的貪婪，一部份也可能是千尋尚無法理解的大快朵頤。

千尋在片中除了吃白龍給的飯糰外，沒有吃任何食物。如果把千尋視爲拒食的孩子，當她意識到自己找不到父母，只剩下白龍可以幫忙她或是至少有白龍願意幫忙她，她開始吃了第一口飯糰，胃口也可能是意識到自我匱乏的顯現。

一個被分析者說，父親拼命叫我吃，我其實很餓，但不知道爲何就是吃不下。

千尋吃了第一口飯糰開始落淚，情緒潰堤，但也就開始一口一口吃了起來。或許是現在才開始感受到自己少了父母，才瞭解到對他們的依賴與渴求，亦或是白龍施予飯糰的魔法，讓千尋感受到自己也如同父母擁有食慾，不再否認。因爲難過，不僅不會吃不下，更謙虛地吃了起來。

貪吃作爲一種失控的慾望此主題在片中不斷出現，除了千尋父母帶著孩子卻只顧自己吃之外，還有無臉男無底洞的吸盤，吞入一切卻只是囫圇吞棗，最後又原封不動地吐出，或是腐爛神扮演著清除人類製造的各式汙染的善心角色，但得定期到浴池泡藥休憩。

再更擴大來看，食慾也只是眾多慾望的代表，如果父母的食慾已如此讓千尋吃不消，更遑論父母的其他慾望，會帶給千尋多少驚恐，湯婆婆正是其他慾望展現的代表人物，她控制員工、奪取他們的名字、對金錢的追逐；千尋所進入的花花世界，各路人馬競逐著各種慾望，但自始至終，千尋沒有忘記自己的初衷。

白龍對千尋說：「吃了藥丸，才不會變成透明的。」變成透明是自我消失的前兆，君不見緩行於水鄉澤國的列車上的乘客均是透明的，他們在沒有任何城鎮屋舍規模，只有孤伶伶的車站下車，千尋在車上看見一群無家可歸的漂泊幽魂。

另一個自我消失的警訊來自於名字的遺忘，「忘記名字就回不去人間了。」這句銘刻在白龍命運的切身之痛，也同時提醒著千尋，當湯婆婆看到荻野千尋這個名字說到：「這是個奢侈的名字」，之後拿掉荻野尋，只剩千。千尋用藝名小千在湯婆婆手下做事，這是一個勤勉低調的工作藝名，但藝名不是眞正的名字，藝名用久了會忘記自己究竟是誰。白龍忘記自己的名字，不過白龍還能記得自己忘記了名字，如果連這個關乎自我的連結都忘了的話，可就萬劫不復了！

名字是「自己究竟是誰」的疑問，也是「自己從何而來」的源頭，白龍替小千找到她的本名，藉著留下當初進入奇幻宮殿前，現實生活中同學寫給她的離別紀念卡。分開並沒有被忘記，千尋可以在與同學分離後仍被記住，或是在心中留一個空間記住對方，於是自我被某種記憶方式留下來；完全不記得，通常是分離太痛苦的否認，記得一清二楚又讓人陷進虛妄中，無法獲致新的經驗，這個一丁點的記憶召喚千尋從虛幻走進現實。

名字通常也是父母取的，少女不願忘記自己叫做千尋，就如同她身陷在暗黑陌生的城市街道上，看見父母變成豬隻後，仍不願放棄尋找他們；會不會是這種尋找源頭的力量，抵禦了千尋面對鬼魅重重的害怕，讓她勇敢地追尋下去。

千尋轉變的條件雖在虛構的宮殿之中，卻是紮紮實實的工作。以她的年紀和生命經驗，從來沒做過什麼工作，也根本不知道什麼叫工作，卻得照白龍的意思，假裝「自己要工作」，才能被湯婆婆接受，而在湯婆婆經營的宮殿裡，找到一個位置生存下來。如果借用Esther Bick對於人格如何凝聚的理論，嬰兒會尋求一種相當於包覆身體肌膚的精神肌膚，藉此創造出一種感覺，讓他最初始的人格結構可多少因此得以凝聚，也就是「次級肌膚」。千尋雖不是嬰兒，但被拋擲到這個陌生機構，心情如嬰兒般潰散無依，她在父母失蹤後眼睜睜看著自己的形體褪色透明，如同重新經驗初生時，子宮外危機四伏的焦慮狀態，四周都是威脅其生存，可能嗅出她的「人」味的敵人生物，藉由大姊小玲暫教給她的工作守則，會不會如「次級肌膚」雖僵化不是眞我，但也抵禦了眼前的困難而保留了殘存的眞我？

千尋得先用「假裝」來換取入場券，好像自己已經成爲另一個角色。相較於假裝、很生澀的千尋，白龍顯然已經自在地遊走在原始眞實的自己和工作假裝的自己之間，像個明確的開關沒有遲疑。溫尼考特說明了眞實與虛假自我的不同名稱，用來指有的人把自己劃分爲介於靈巧適應於外在客體的部分，和一個眞實但完全主觀的生活。這似乎是千尋的一種考驗，她是要維持一個原有但已經發現缺陷的手足無措的存在（父母變成豬不見了），還是變成一個很職業性沒有自己感覺就跟其他人一樣就好的角色？

湯婆婆具有衆多奇特的魔法，例如變成鳥可以飛翔、任意移動物品、封住千尋的嘴巴、讓被控制的人失去記憶、利用改變名字的法術，控制員工的心智。這些魔法似乎都建立在他人對她的需要上，她看見人性的匱乏與貪婪，她利用了這些人性建立她的事業王國。白龍想跟她學習魔法，所以幫她偷錢婆婆的貴重印章，員工們想要更多的金錢，有錢能使鬼推磨，同時金錢也控制了湯婆婆去接待惡臭但有錢的腐爛神，千尋也需要湯婆婆找到將父母變回人形的方法。

然而她雖控制了身邊大多數人的心智行爲，她的魔法卻無法幫她面對兒子的哭鬧索求，湯婆婆物慾盈身、財大氣粗的形象，顯然無法去做一個溫尼考特所描述的「夠好的母親」，「夠好的母親」得要配合小嬰兒的需求，隨著嬰兒的適應力和挫折忍受力增加，母親的主動配合會慢慢減少，嬰孩的成長才會啓動，而無法由來自大人無時無刻餵養形成。

她養育出一個虛胖的「巨嬰」，可能她的魔法讓她以爲在兒子面前，她依然能創造出的無止境被依賴的全能幻想，電影中的嬰兒可以長得比成人高壯許多，是母親湯婆婆創造出來的幻覺，這個幻覺一下子就被錢婆婆的另一套魔法點破。

如果這是由她所養育的孩子，她被自己始終和嬰孩一體的母性幻術所惑，她看不見巨嬰變成老鼠後，仍是她的孩子，雖然她擁有有多魔法，很可悲的卻看不到自己孩子眞實的個性何在。

在「神隱少女」片尾魔法逐漸被破除。黃金其實是泥巴變的，握有魔法的人，卻看不見最簡單的事實。錢婆婆邊打毛線邊說：「用魔法做的，一點用都沒有。」許多童話故事在破除魔法中，還原出動物形體下，人眞實的樣貌。不過不管是青蛙被扔下牆壁或是野獸被美女的眼淚解除魔咒，卻都變成了英俊王子，這往往又是另一件浪漫情懷所形塑的魔術。

佛洛伊德對「幻想」基本功能的看法為，用來塡補慾望和滿足之間的空隙；在人的初期，這個空隙中流動的往往是全能幻想，有時也是許多幻覺。湯婆婆、錢婆婆、無臉男和白龍，他們各自的魔法代表各自怎麼樣的幻想或全能幻想？裡頭唯一沒有魔法的千尋，卻無懼無臉男的吞食，因為她對黃金的沒有慾望，不受制於無臉男。如同蘇菲並不害怕被荒野女巫施予魔法，一夜白髮雖然使蘇菲擔憂，但心裡的慈愛母性反而找到共振的形體，受制於魔法與被自己無法掌握的慾望依存有關。

千尋無欲無求的對待催化了無臉男的轉變，這個無聲的角色尾隨千尋進入宮殿，之後利用大衆對金錢的貪婪而開始將衆人吞噬，暴食機器掩飾不了空洞的心，他發現千尋是唯一不要他金錢的人，但卻對他好奇，當千尋問無臉男：「你從何而來？你的父母為何？我要的東西你無法給。」無臉男的被食物膨脹撐起的形體縮小了，千尋的問話使他不再重複徒勞無功地吞進不屬於自身無法消化的食物，也戳破了他想用吃來塡補匱乏的想像。

她讓無臉男看見有他無法用錢收買的生命，他不再自大。

當千尋再把河神這帶有清淤效果的丸子讓無臉男吞下，或許這是第一次有人給無臉男「食物」，無臉男看到自己的身體不斷嘔吐、縮小，充滿憤怒，追著千尋跑，千尋就讓他慢慢追，慢慢縮小，回歸到他的原形，並且等待他追上、跟隨，成爲一個路程的伙伴，這像是在駕馭野馬無羈的野性，直到它低頭緩步，千尋用自己眞實不假包裝的好奇、關心及堅持馴服了無臉男。

找到父母的千尋會認識到什麼樣原本的父母？回到家的路上又會意識到自己是什麼樣的人？最後引用「心之谷」中耳熟能詳的Country road歌詞和月島雯的重新詮釋：

Country road,take me home

To the place I belong

回不去的鄉村路，想回去卻再也回不去

但我還是我，再會吧！故鄉

霍爾的移動城堡

難以探觸的心

林怡青
精神科醫師
精神分析取向心理治療師

在生命中，
我們得到也失去，
但我們必須試著去感謝。
心中懷著感謝、全心擁抱，
在經歷了失落之後，
生命中所依然擁有的。

<破碎的船>，安德烈・杜布斯II

宮崎駿的電影一向給人單純乾淨、充滿著眞善美童話色彩的感覺。第一次看到「霍爾的移動城堡」電影宣傳短片，就印象深刻——一個醜醜的、會移動的、髒兮兮的城堡，廢鐵一般在地上慢慢拖著拖著，發出嘎幾嘎幾的鐵鏽聲，很勉強地在走路......當時浮出的想法是：這部電影與之前宮崎駿電影的風格，眞是非常的不同！

這座移動的城堡讓我想起了自己：每天不也是這樣覺得自己很不完美的在走動嗎？也常常覺得找不到人生眞正的方向。同時，也讓我想到不聽使喚的自我，想到我的個案們，還有，我們每個人都過得滿意嗎？過得有方向嗎？

霍爾這座魔法形成的城堡有好幾個門：似乎也象徵著我們常用不同的角色、不同的姿態在面對這個世界。

故事[1]的大綱是這樣的：時代背景是一個中古歐洲的戰爭時代，兩個城邦分別有國王、貴族與平民。兩個鄰近國家爲了其中一國的失蹤的王子(在沒人知情之下，已經被法術偷偷變成蕪菁稻草人)在打仗。男主角霍爾(27歲)是一個大家又害怕又崇拜的神秘魔法師，他來無影去無蹤，總是把自己打扮得非常的英俊瀟灑。女主角

1 事實上，這是一本英國小說改編的電影劇本，小說的名字是魔幻城堡(Howl's Moving Castle)，作者是黛安娜・韋恩瓊斯在1986年的著作。

蘇菲則是一個早熟、傳統、保守且壓抑的年輕女性，她繼承過世父親的手工編織帽子家業。戰爭時代，受最多戰爭之苦的，就是像蘇菲一般的平民百姓。

有一天，常常宅在家中工作的蘇菲，從家裡要去探望在點心店工作的妹妹，路途中，遇到了跟她搭訕與騷擾的軍官，在蘇菲感到危險與害怕的當刻，穿著斗篷的霍爾，像是007一般的出現身旁，機警的表明他是蘇菲的男友，用法術控制了那幾位軍官，成功拯救了蘇菲，並使出飛行術的方式，順利將蘇菲送達了妹妹工作的點心店。

一直偷偷跟蹤霍爾的荒野女巫手下，以爲蘇菲是霍爾新交的女朋友，於是立刻去稟告荒野女巫，女巫心生忌妒，就在當天晚上，蘇菲回家之後，將她變成90歲的老婆婆。隔天早上，蘇菲照鏡子發現自己變老太太了，當然非常震撼於自己的改變，但是，她沒有跟任何人求助，就離開了自己經營的帽子店，前往杳無人跡的荒野郊區，然後就在荒野中，看見了正在移動的霍爾的魔法城堡。宛如絕處逢生的蘇菲，決定要住在城堡中，因爲已經變老，於是花了好大的力氣，終於跳上了城堡，進入了城堡中。

蘇菲進入城堡後，發現裡面髒亂無比，她很快地將自己定位爲來城堡工作的清潔婦，當時主人霍爾並不在城堡內，蘇菲只看到一個在控制城堡前進的爐火，爐火會說話，它跟蘇菲自我介紹，它其實是霍爾的心臟，沒有了它，霍爾就沒有魔法，城堡當然也會不見。說話的爐火其實是一顆流星火魔王，它的名字叫做卡西法。霍爾與卡西法之間，兩者有一個秘密的契約，由於這個契約，兩者無法分開。除了卡西法之外，蘇菲還看見了一個小男孩在城堡中，這個小男孩叫做馬魯克，他是霍爾收的唯一徒弟，平常在城堡中，幫助霍爾處理一些日常的庶務，馬魯克會的是一些簡單的化身術魔法。

而所有的故事就在這樣的脈絡下慢慢的展開。女主角蘇菲(18歲被變成90歲的老太婆)，一次又一次的展現她突破困境與幫助人的特質；她擁有著眞性情卻又可以包容對手、她個性固執卻又堅毅不拔。有趣的對比是，看似強大又傲慢與自戀的魔法師霍爾，則慢慢展現出他懦弱與任性的眞實內在的另一面。

女主角蘇菲的這些特質，還有她在故事中的角色清潔婦，讓我聯想到身爲心理治療師的自己。佛洛伊德曾經說，談話治療就是一種清掃煙囪(chimney-sweeping)的治療。心理治療師，常常在做的事，就像是內在世界的清潔工作人員一樣，我們要整理與打掃個人內在這一座充滿了各種不同的可能性，卻找不到方向的城堡(就像是霍爾的移動城堡)；同時，我們的目的是在幫助個案與外在現實世界做更好的連結，並且不再逃避，這也是蘇菲在故事裡面幫助霍爾辦到的事情，她幫助霍爾，不再逃避自己所害怕的人(他的老師莎莉曼)，不再逃避跟蹤他的荒野女巫；不再逃避任何有壓力的事情。除此之外，一個稱職的心理治療師，也還需具備包容、等待、維持架構的能力等種種的心理素養。

霍爾在電影中也交代了自己這樣的改變，是來自心中有了一個自己在意的人，會想要爲了她去面對所有的事情，而那個人就是蘇菲。那種感受，就是當我們愛上一個人時，好像會想要帶給他幸福，想要爲了他可以有各種不同的妥協。

在診療室中，治療師與個案之間則是另一種的親密關係，那樣的關係，像是親子之間的關係，或者說是因爲信任了一個人，內在有了一個好的內在客體，自己也因此產生了力量，願意去嘗試任何的事情，但那樣的信任過程並不容易。在我的經驗中，是要透過長期的心理治療，(甚至一週來診療室許多次的心理治療)才有機會達成。很多時候，由於個案長久以來內在對人性的懷疑與不安，必須要一段時間，才有辦法被慢慢地消解，就像是冰塊，慢慢地被融化一樣。

如果我們將迷失的霍爾想像成個案，將走得很慢、有很多扇門的城堡，想像爲個案的內在世界，然而個案內在世界的主人並非自己，而是一個充滿本能的火魔王與想要控制自己的超我[2]。另一方面，我們可以將城堡的清潔婦蘇菲，想像成心理治療師。我試著用第三者的角度來看霍爾內在那顆空虛徬徨的心，如何在蘇菲(心理治療師)的幫助下，慢慢找到方向，最後得以自在的飛行。

當我們的心中充滿懷疑與不信任時，不只自己不允許它被表達出來，也常常不允許它被他人碰觸，但心中的懷疑與不信任並不會因爲沒有被碰觸到就消失，相反的，它會默默不斷地發揮負面影響力，有時甚至讓你的現實生活停滯不前。心理治療師要做的事情，也像是剝洋蔥一樣，將個案內在的懷疑與不信任，在彼此的關係中展現出來，透過治療師的詮釋，讓個案與他者之間有一個更深、更整合的體會與理解，如此，心中的「愛」才有機會被滋養出幼苗。

迷失的霍爾

霍爾是怎麼迷失的？從沒有人知道，他是怎麼把心

---

2 正如Freud 曾說：「自我並非自己這棟房子的主人。」(The Ego is not the master in its own house. A difficulty in the path of Psychoanalysis ,1917.)

臟交給了火魔王？人們只知道，他的城堡，在遠遠的山邊。他的城堡，一下子出現，一下子消失，非常的神秘。還有，人們傳說，霍爾會吃掉女孩的心臟，所以父母親會再三的告誡自己的女兒，碰到霍爾就趕快離開(在原著中還有交代，霍爾一開始會一直追求被他鎖定的女孩，直到那女孩喜歡上霍爾之後，霍爾就馬上離開了那段感情)。此外，霍爾的城堡，外表像個廢銅爛鐵，跟霍爾的真實外表是完全不一樣的。霍爾喜歡將自己的頭髮染成喜愛的顏色，穿著十足優雅，女孩們初見他，很難不被他的迷人丰采給吸引。

事實上，霍爾這樣的形象，十足像個發展中的青少年，處在一個非常自戀的年紀，最在意的是自己的外表，非常的愛美，像是頭髮染出來的顏色是否合乎理想，非常的重要。他的房間五彩繽紛，充滿了性與暴力之美，像是夜店一般的光彩奪目。有一次，因爲蘇菲不小心將浴室的染劑放錯位置，導致霍爾染出的髮色不對，霍爾幾近崩潰，全身流出充滿了象徵憂鬱氣息的綠色黏液。有趣的是，我也曾聽很多父母親提及，家中的青少年是如何的重視外表與穿著，比方說，吹出自己想要的瀏海可以花上一個小時等等。青少年的愛美，不也像極了每天只想從水中倒影看到自己的希臘美神——納西色斯(Narcissus)，而青少年受到生理與心理的影響，各種本能都特別強大，生的本能連結到性(sex)；死的本能則連結到暴力(violence)。當這些本能宣洩而下時，有時需要的其實是一個客體來滿足強大的需求。在動畫中，霍爾滿腔的熱情卻找不到一個方向，一會兒想要反戰，一會兒想要爲國效力，一會兒想躲起來，一會兒又想與家人一起過著和平安逸的生活，彷彿在爲自己的強大本能尋找一個可以安置自己的客體，可以吸納自己各種不同型式，張牙舞爪的能量的容器。但看似一步可及的心願，卻怎樣也無法透過魔法來達到，其內在的挫折可想而知。而我們眞實生活中的青少年也是如此。

霍爾雖然已經27歲了，但在遇到蘇菲之前，他還找不到自己，或者說，找不到自己的認同。他唯一有所堅持的是「要很美」，所以他跟蘇菲說，「如果不美，活在世上有何意義呢？」從這段對話看霍爾就更像青少年了，或許我們說，外表成爲他少數可以控制自我的那一小部份；其他與內在有關的部分，雖然有火魔卡西法的幫忙，他卻很徬徨，找不到，更不知該如何掌控。霍爾成爲一個擅於控制外在，而內在卻非常匱乏與空虛的人。

被寄住的心

霍爾約莫10歲時，與即將隕落的流星火魔卡西法有了一場交易：火魔卡西法與霍爾的心臟合爲一體，火魔可以延續自己即將消失的壽命，霍爾的心也變成擁有魔法的力量。霍爾的心是被火魔卡西法所寄住，被件進去的原因，是因爲霍爾自己想要擁有火魔的魔法，因爲如此一來，霍爾才能擁有強大的力量，包括讓城堡移動、化身成各種不同身分的人、在空中飛行、化身爲可以在天空中如戰機一般的半鳥人等，變得無所不能。這樣的交易聽起來很合理，兩者看起來是共生共榮。但總是少了甚麼？

少了甚麼呢？霍爾遇到蘇菲後，兩人經過了許多的碰撞與摩擦，他漸漸發現這個很平凡，被魔法變成老人的女人很關心自己，甚至告訴霍爾，願意陪他解決任何困難與事情。這可能是霍爾從未有過的新的與人接觸的經驗。霍爾於是跟蘇菲坦承，他說，「我其實只是個膽小鬼，這個你們看起來很神奇、會移動的城堡其實只是在躲著荒野女巫[3]與我的魔法老師。」

霍爾還像個退化的小孩一樣，躺在床上跟蘇菲(變老的蘇菲很像是他的媽媽)進一步要求，他說，「其實我最近躲得更兇的，是我的魔法老師莎莉曼夫人，他要我爲國家去打仗，但我現在的立場，可是很反戰的。蘇菲，

---

3 荒野女巫曾經與霍爾有一段情，後來霍爾覺得與對方交往恐怖，想離開，荒野女巫開始像我們現在說的恐怖情人一樣，跟蹤他，不斷的破壞他的新戀情。

如果你眞的想幫我，幫我去見見我的老師莎莉曼夫人好嗎？告訴她，我不會接受她的徵召去爲國打仗的。」4

蘇菲答應了霍爾的要求之後，霍爾似乎受到一個頗大的震撼與感動，這可是火魔無法幫他做到的事呢！過了幾天，霍爾將房子重新佈置，裡面新增了兩個房間：一個是蘇菲以前做手工帽子的工作室，一個是霍爾的秘密童年小屋。霍爾帶著蘇菲到他的童年小屋，他說：「這裡只有蘇菲可以來。」霍爾跟蘇菲說，「我小時候常常一個人住在這裡。」

能夠推動魔法城堡前進的力量是藉助流星火魔王卡西法的法力，那麼霍爾又是如何與卡西法相遇的呢？對於霍爾與卡西法雙方而言，這樣子的利益交換是一個不能告訴其他人的秘密。一直到電影的中半段之後，當霍爾開始相信了蘇菲是眞正的關心他的時候，這個秘密才得以被說出來。

是什麼樣的秘密呢？霍爾帶著蘇菲來到他的童年小屋，告訴了蘇菲自己的童年往事：在霍爾約莫10歲的時候，他自己一個人住在一個湖畔的小屋裡，那一個小屋子是他的叔叔(具有魔法師身份的叔叔)安排給他住的。

---

4 當時兩國戰爭，蘇菲與一般人民的生計都因此受到無辜的波及，霍爾的反戰立場也獲得蘇菲的認同。

有一天，霍爾在湖畔旁、星空下，遇到了原本即將隕落卻具有法力的流星火魔工卡西法，卡西法跟霍爾說，如果霍爾的身體可以借他住，如果霍爾的心臟可以借他住，那麼他就願意將自己魔法師的法力，放到霍爾的身上，於是兩人的交易就這樣完成了。

從心理治療師的角度看，霍爾很像是一個被忽略的孩子，一個有過創傷的孩子，最後選擇將自己的心與魔王交易，以選擇獲取自己最大的利益。隨後，霍爾先是拜了御用魔法師莎莉曼爲師父，想要成爲全國最棒的魔法師。卻因爲莎莉曼想要他爲國家效勞打仗，而開始躲著莎莉曼。霍爾用的方式就是命令卡西法，有時候得將城堡隱藏起來。從心理學的角度來看也很有趣，莎莉曼代表的很像是一個人的超我(superego)[5]，而卡西法代表的很像是自我與本我，但是這一個人，也就是這一個城堡找不到方向，就如同這個人的自體是碎裂的。

霍爾爲什麼會沒有自體(self)呢？因爲覺得自己被忽略的人，是不相信有人會眞正地想接納他、了解他以及關心他的。換句話說，感覺自己沒有被了解、接納與關愛過的人，是很難有統整的自體。在心理治療的學派，溫

---

5 根據佛洛伊德的心理模型：本我(Id)是心智中原始以及本能的部分，在其中有性的驅力、攻擊的驅力以及被隱藏的記憶；超我(Superego)是道德良知的運作；自我(Ego)是現實的部分，在本我的慾望與超我之間作出妥協。

尼考特（Winnicott）與柯胡特（Kohut）及依附理論（John Bowlby, attachment theory）都很強調這樣的因果關係。

霍爾一直覺得自己膽小，直到蘇菲告訴他，「我很愛你，我願意一直待在你這個破銅爛鐵的城堡中當清潔婦，幫忙打掃，我願意陪伴你。」霍爾聽到後的第一個反應，先是回答：「來不及了！」（我們合理的推測是：從小被冷落在一旁的他，不相信有人會眞的有辦法想要幫他。）但後來我們看到霍爾眞正相信了一些眞實、美好的東西，也因此，他重新打造了一個房子。新房子裡面有蘇菲的帽子店，也有他小時候的秘密基地，而他也告訴蘇菲，蘇菲是唯一能夠進到那個小房子的人。

霍爾經過了一段時間，才得以從不相信到相信蘇菲，接著他自己也跟著轉變，而這也是精神分析取向心理治療的宗旨，我們建議是長期的心理治療，短期的心靈互動是很難讓長期感到不安全感的自體，得到洞察與改變的。心不定，人就不定。很多時候，人們也是外表看起來很厲害、很有吸引力，但是內在實在覺得很孤單很空虛，霍爾就是這樣的一個年輕人，一直到蘇菲來到之後，好的、可以信任的內在客體才慢慢形成，霍爾也才開始有了轉變。電影中，我們看到，蘇菲的出現，城堡才開始眞正有了家的味道，有了家的味道才有了歸屬感與安全感。可以再進一步從心理學的觀點看，一個人有了歸屬感與安全感之後，有了自體(self)，才不用再一直向外追逐，尋求外在世界的認同，也不用再與自己內在的矛盾為敵，當安全的內在客體已經形成，自體就可以開始展開冒險之旅，探索外在世界。

我想像著霍爾及一些個案的童年，如同是一個嬰兒哭泣著：「我餓了，餵我吃飯；我尿濕了，替我換尿布；我很害怕，請抱著我。」但是嬰兒的母親卻漠視它的需求。嬰兒長大後，也學會去漠視自己的感受與需求，也變得不知道如何讓別人關心他，更進一步，這個長大的嬰兒無法表達自己的情緒，也無法去信任提供援助的人。而更大的真相是，我們每個人的心中都有個小嬰孩，在某些時間，某些階段，為了存活下來，我們都得試著讓自己的痛苦情緒噤聲不語，但就在我們漠視痛苦情緒的同時，我們也失去了，了解自己為何受傷以及受了甚麼傷的能力。

霍爾心中的憤怒(黑色半鳥人)

對老師(權威者)的憤怒

大家可能會覺得很納悶，對權威者或是對老師父母，不是應該只有尊敬而已嗎？為什麼會有憤怒呢？在心理學上，這是一種對「超我(superego)」的情緒，「超我」

就很像是孫悟空頭上的緊箍咒，當我們做了自己想像中父母、師長會覺得不正確的事，我們內在就先處罰自己；「超我」代表可以是老師、父母對我們的諄諄教誨、期待、道德規範等。有好的超我，那是和善的；也有嚴厲的超我，就是如果你不照著做，就會受到自己良心的譴責。因此，當你的「本我(id)」想做的事，跟你的良心想做的事發生衝突時，恨意(對內或是對外)就出現了。例如，青少年有了一個愛戀的對象，背著父母親談起戀愛，父母爲什麼要反對呢？可能是因爲談戀愛會影響孩子的課業之外，可能也擔心孩子若失戀了會受到傷害或是偷嚐禁果等等因素。所以，孩子除了得偷偷摸摸的談戀愛，孩子也對父母產生了一種自己也害怕的感覺，一種憤怒或是生氣的感覺，這是一種對權威者或者是超我的恨，因爲青少年也的確感覺到，自己好像在做一些任性的事情，任性就是一種順著本能去做的狀態，所以青少年對父母親的憤怒，也可能轉爲對自己的憤怒，生氣自己爲什麼讓父母失望等等，許多矛盾的情緒在內心，所以青少年這個本能最強大的時期，還一直在跟自己的內在超我作戰，簡直就是一個情緒風暴期。以霍爾爲例，莎莉曼是他的魔法師父、是他最尊敬的人，但是任性的霍爾，不懂爲什麼他所尊敬的老師，要他去爲國打仗，弄得民不聊生。霍爾用很多的方式來表達他不想要打仗的抗議，但是都沒有被老師給接受，霍爾最後跟老師翻臉了，那就是一種憤怒的情緒。但是霍爾的憤怒，敵不過老師的法術，表示憤怒會讓一個人的攻擊力下降，反倒是沒有法術的蘇菲阻止了霍爾的憤怒(叫霍爾不要看老師的眼神)，兩人因而得以脫困。

診療室中，我們也常遇到超我很高的個案，忍不住抱怨、生氣起他所尊敬的父母或者是他的權威者老闆。除了聆聽之外，我們也要想辦法幫助個案能夠逃出那樣的憤怒情緒，逃出了憤怒情緒，個案才有辦法思考，困境才得以解套。

對戰爭的憤怒

霍爾是痛恨戰爭的[6]。霍爾嘗試著運用魔法將自己變成一個像戰鬥機一樣的半鳥人，像是一隻飛翔的老鷹[7]一般，用螳臂擋車的方式，阻止所有的軍機對平民百姓家園的攻擊。

蘇菲也是反對戰爭的、也是生氣戰爭的，但是蘇菲想要藉由遠離戰爭，讓戰爭不見，比較像是和平反戰，而霍爾則是用以牙還牙的方式面對戰爭。

---

6 霍爾反對戰爭的劇情，是宮崎駿將原著小說改編為電影動畫時，自己額外加入的一個片段，當然，這也承襲著宮崎駿電影反對戰爭的一貫風格。

7 霍爾，是英文Howl的直譯，英文的意思為老鷹的嚎叫聲。

對被遺棄的憤怒

童年創傷也許是霍爾心中憤怒的根源，但是這樣的創傷，是眞有其事？還是，內在潛意識幻想所引發的創傷？這些並沒有那麼重要。重要的是，霍爾的內在童年小屋，所記錄下來的感覺與回憶：「就在某一個晚上，霍爾吃下藍光流星卡西法，吐出了自己的心臟給魔王，從此以後他也成爲一個沒有心臟的人。或者，他的心只是用來培養更強大的法力來保護自己，來處罰討厭的人與戰爭......等。」

在我們生活的周遭，從小到大，遇到過許多不公平不正義的事，許多人的價值觀變成像霍爾一樣的。這樣的價值觀，某個程度是幫助人學會保護自己，但在不知不覺中，也讓我們對人生充滿了一種憤恨的情緒，與他人變得疏離而無法親近。

變老的蘇菲

單純樸素的蘇菲是個18歲的女孩，繼承過世父親的家業(編織手工帽)，當時是工業還不很發達，而且兩個城邦正在打戰的年代。蘇菲生下來沒多久母親就過世，父親娶了繼母，後來父親也過世，喜愛社交生活的繼母整天不在家，店面就交給身爲長女的蘇菲（在電影故事最後，繼母甚至被霍爾的老師莎莉曼收買和威脅，差一點就毀了卡西法與霍爾。）蘇菲還有一個妹妹在一家糕餅店工作，跟蘇菲的個性很不像，既活潑又大方，很受男性客人們的歡迎。

蘇菲與霍爾的相遇

蘇菲與霍爾的相遇，很緊張也很浪漫，是整部電影最吸引人的一段。過程是這樣的：蘇菲要前往訪視妹妹糕餅店的途中，被幾個職業軍官搭訕，看得出來蘇菲很緊張與害怕，這個時候霍爾突然出現，他似乎看得出蘇菲的害怕。霍爾主動假裝成蘇菲的男朋友，搭救了這位淑女。之後，霍爾為了躲避荒野女巫手下的追蹤，只好帶蘇菲一起飛行在空中[8]。在危險的情境下，一位弱女子突然被搭救在空中，一起成為有魔法的人，並且還是被一位風流倜儻的紳士扶著在空中漫步，誰能不神魂顛倒呢？

霍爾順利將蘇菲放在她妹妹的糕餅店，旋即離去。之後，蘇菲整個人都恍神了！當下妹妹就跟蘇菲說，你的心被剛剛那個男生帶走了嗎？若他是霍爾，你的心應

---

8 這裡的電影配樂非常受歡迎，作品名稱是：人生的旋轉木馬。

該被他吃掉了。有趣的是，隔天一早，蘇菲就變成了90歲的老婆婆，像是被妹妹一語道中，心被帶走了呢！

一夜白髮與蒼老的蘇菲，究竟是被荒野女巫變老的還是蘇菲已愛上了霍爾，卻因爲分離而一夜白髮？會不會，蘇菲的變老其實是一個失落情緒的魔法？

時間的消失

相對於霍爾的「心」不見了，蘇菲則是年華老去，一夜之間「光陰(時間)」不見了，老了70歲。剛剛說霍爾的心不見了，因此而空虛與迷失自我；那蘇菲的時間不見了呢？對一個人的影響又爲何呢？

蘇菲第一個反應是：「這眞的是我嗎？我要冷靜！我要冷靜！」接著她很快安慰自己，「你雖然老了，精神倒是挺好的。」然後她就離開了家，決定去偏遠的地方，因爲比較不會被別人發現。有趣的是，一路上她沒有太多的失落感，反而一再的肯定自己，例如她跟自己說，「人老了好像就變得比較圓滑(其實她的意思是人老了就變得比較有自信了)。」還有她說，「上了年紀的好處就是不會再大驚小怪了。」也有同樣的意味。

在精神分析取向的心理治療中，時間也具備很重要的意義——時間到了，個案就要離開。離開了，就感受到失落，所以時間代表的是分離與失落。另一方面，時間也等同於心理治療的架構，而架構就是象徵父親的意涵，對於時間的概念，代表的是個案對於父親的印象。有時候，不肯離開的個案像是想要與父親一較長短的小孩。

在成長與親密關係中，除了學會愛與被愛，也要學會如何去接受分離與失去，因爲時間的流逝，會失去的東西很多，我們會懊惱著美麗容貌的不見、身體健康的不再、美好的客體的離開我們。但在蘇菲的身上，因爲時間的流逝，生出來的東西也很多，就像剛剛說的，她變得比較有自信，變得比較能處理自己的焦慮，這就像是時間的流逝生出來的東西。

老了，在蘇菲的身上，美麗的外表失去了，心理上反而獲得了一些東西，不再那麼焦慮、變得比較有自信等等。而這些特質，也讓蘇菲進入城堡後越來越能幫助霍爾。心理治療師也須具備這樣的特質不是嗎？要能涵容個案的焦慮，要有自信。不只心理治療師，當一個母親、父親、老師或是照顧者們，這些都是需要的特質。

蘇菲破解魔法的方法

蘇菲破解了很多的魔法，她破解了自己被變老的魔法，也破解了霍爾與卡西法的契約——兩人不能分開的契約。而身爲心理治療師的我們，面對如霍爾一般的個案時，也有像蘇菲一樣的魔法嗎?

第一次變回年輕

蘇菲進入霍爾的移動城堡後，當了清潔婦，不斷的清理骯髒的城堡內部。知道自己間接使霍爾染髮的顏色錯誤之後，跑到外面痛哭了一場，但隨即回城堡內要安慰崩潰憂鬱的霍爾。愛美的霍爾幾乎憂鬱得躺在床上起不來，變得像小孩子一樣的跟蘇菲坦承，自己其實是個任性的膽小鬼，躲著荒野女巫也躲著魔法師父莎莉曼。

因爲同情霍爾，蘇菲決定要代替霍爾前去會面莎莉曼，並代替霍爾與老師莎莉曼作辯駁[9]。就在蘇菲跟老師爭辯得很激烈的一刹那，蘇菲的臉第一次變回年輕。當時莎莉曼就跟蘇菲說：「霍爾的媽，你愛上了霍爾囉！」

我們是否可以推論蘇菲的變老與否，是跟她如何看待自己與霍爾的關係有關？當蘇菲與霍爾的心是在一起

---

9 這段很像一個小孩不想去學校上課，母親幫他去學校跟老師解釋原因。

的時候，她就變年輕了，而當兩人沒有心連心或者起衝突時，蘇菲又變回老人的樣貌，這樣的變化反覆出現在電影當中。

佛洛伊德說，每一個生的本能，都伴隨著死的本能。就像是人與人之間，每一次的相聚，其實就是離別的開始。關於時間，中年人會失去青春，空巢期的母親會失去引頸而望的孩子，老年人則似乎得注定慢慢的失去某些身體的健康。但是心理治療師或許可以試著看看，在個案的身上，許多的失落是否也可能生出一些不一樣的東西呢？

吻的力量(喜歡照顧他人)

在這個電影的前半段，我們見識到的是霍爾的魔法與無所不能的力量。但從電影的後半段開始，我們看到的是蘇菲的作爲在改變全局，也伴隨著蘇菲的臉龐在年輕與年老中交替變化著。特別的是，蘇菲在電影中，吻了許多人：有對霍爾的吻、對卡西法的吻、對荒野女巫的吻以及最後對蕪菁人(稻草人)的吻。我稱這樣子吻是一種照顧者對被照顧者的關心。大家如果看這部電影，相信會跟我一樣，不會想到是戀人之間的那種吻。蘇菲破解魔法的第一個力量，就是：她有一種喜歡照顧人的特質。

堅毅的力量

蘇菲還有一股堅毅的力量，他堅持要將霍爾的魔法撤除來解除戰爭。在這個過程中，歷經了城堡幾乎被拆解、霍爾的幾近死亡，而到了最後，那是一種置之死地而後生的場景，全數破壞了之後才得以重生的場景。

精神分析的診療室裡，治療師與個案也要經歷著，不知改變之後會成爲甚麼的一種勇氣，必須先破壞才能夠重生的信心，在這樣的陪伴過程中，心理治療師也非常需要一股堅毅的力量。

悲傷的力量(同理心)

電影中有一段，卡西法幾乎法力全失，城堡四分五裂，而那代表著霍爾即將死亡，這一切似乎都與蘇菲的某些堅持有關。蘇菲看到自己把事情搞砸時，傷心的哭了，但眼淚卻因此帶著她找到，被變得很渺小的霍爾城堡的小門，眼淚也帶著她進入了霍爾的童年，並且目睹了霍爾的童年時期，讓蘇菲了解到霍爾在童年時期發生的事情，蘇菲不斷的哭，說自己忍不住想哭。

蘇菲的哭，像是對人的同理心一樣，當我們眞的能夠同理個案的苦與痛時，個案的潛意識與內在才會讓我們進去。就像蘇菲對霍爾的處境感到傷心與擔心之時，她才進得去霍爾黑暗的內在裡面。

在經歷了一段風暴之後，蘇菲成功的將卡西法與霍爾分開，卡西法重新變成一顆流星，霍爾則成爲一個眞實擁有心臟的人。有趣的是，霍爾的心回到身上以後，他的魔法力量全部失去，卻說了句話，「我感覺我的身體變得好笨重啊！」然後蘇菲回答他，「是啊！心是沉重的。」霍爾從一個無心之人成爲一個有心之人，我們也可以說他是從一個沒有感覺的人，變成一個有感覺的人。那是存在的一種很實在，也很沉重的感覺。

蘇菲的其他魔法

蘇菲還有一個與生俱來的特質——她不會記恨任何人。她的的繼母對她並不好、霍爾也曾經生氣她、荒野女巫對她施咒外，還差點將霍爾的心臟吃掉，她也還是照顧她、莎莉曼想要毀掉城堡，她也不生氣，繼續照顧那隻被派來當間諜的狗。

這樣一個特別的特質是，她不會跟著對方的生氣而行動化(acting out)。這也是作爲一個有能力的照顧者的重要條件嗎？像是母親、治療師及老師等，不被孩子、個案及學生們激怒，這是做爲有能力的「照顧者」的一個重要條件吧！

從精神分析觀點看自戀的霍爾[10]

「你愛一個人是，來自你眞正的關心他、想要他開心？還是，只是爲了自己的需要，將他們安排在一個你所需要的角色中，當他做到了，你就因此覺得開心與驕傲？」(Jane Peringer)[11]

霍爾對待周圍人物的方式，似乎都是一種自戀式的操控，例如徒弟馬魯克隨著場景變化，一下子是年輕徒弟，一下子是老人，他是搭配霍爾的最佳配角；卡西法被霍爾用咒語禁錮，只能依照霍爾的要求，一下子要做飯一下子要大火一下子要小火，需要熱水就要馬上配合提供；城堡有四個出入口，霍爾遇到困難就跑，在不同空間不斷轉移，可是這四個外在住宅的內部其實都是空心的。這很像是霍爾光芒的外在下，實際的人際互動但自我卻很空虛。自戀的關係其實很空心，霍爾與周圍人的關係，是爲了自己的需要，在這樣的互動當中，他把周圍的人，放在自己需要的位置，並不是說霍爾傲視其他人或是忽視別人，而是就像擺弄棋子一樣，依照他自

10 感謝本次演講的主持人兼評論者黃彥勳醫師(臺北市立聯合醫院松德院區兒童精神科主治醫師)，提供此段精闢入裡的回饋評論。

11 Jane Peringer 是一位英國的訓練精神分析師(Training Analyst)，在此講座前的一個月(2016年10月)受邀來台灣參加第8屆身心醫學國際研討會，在一篇講題為「自戀性人格」的演講中，說了此段話。

己的認為對別人的要求，讓他們在那個地方，而不是期待周圍關係的人，真實的做自己，或者接受對方身分的多樣性；他們只能依照霍爾自己的需求去扮演。霍爾一直保持全能的外在形象，而不能真實做自己。霍爾說他自己是很膽小的，相對也就是，當對方不聽霍爾的話，他不是用戰鬥就是用逃跑的方式對待。

這種自戀互動以及全能幻想的自我，都是很破壞性的，或者說，這些互動關係中，霍爾或是他人都變成很無趣，於是我們看到霍爾其實沒有辦法與人結盟，他永遠是孤軍奮戰的，他沒有辦法和莎莉曼老師溝通，也沒辦法讓徒弟馬魯克成長，而霍爾自己的生活也越來越分裂，分裂成四個方面，一方面是越來越鮮明的戰爭，另一方面，是一個在漁村幫助平常人的好人魔法師，或是另一個在國王面前的大魔法師，還有一個自己心目中的小孩，這是一個很分裂僵化的自我，而造成他周圍的世界也僵化。某個程度而言，莎莉曼老師預測的沒有錯，霍爾魔法提升的過程當中，霍爾也正在自我毀滅當中，變成一個怪物。

從精神分析觀點看愛戀客體的選擇

佛洛伊德在1914年「論自戀(On Narcissism）」文章

中，提到關於我們所愛的對象，我們會是如何選擇的。佛洛伊德還一再強調——過多的自我灌注的原欲是危險的。爲了避免生病我們必然得開始去愛別人，而我們因爲挫折而無法去愛，那我們註定得生病。

佛洛伊德在文章中也強調了兩種客體的選擇：自戀客體選擇（Narcissistic object choice）與依附性客體選擇(Anaclitic object choice)。前者以女性居多，選擇像她過去的樣子，現在的樣子或想要成爲的樣子的對象，女性期待男性是仰慕她的外貌以及所有一切，從這樣的愛慕眼光中，女性得到自戀的滿足；而後者（依附性客體選擇）以男性居多，選擇養育她的女性作爲對象，所以霍爾選擇蘇菲成爲他所愛的人。如果以外表或年齡這兩種外在條件來看會覺得納悶，霍爾爲何選擇一個可以當奶奶的人爲戀人？但如果從佛氏愛戀客體的選擇來看，就不奇怪，男性會選擇養育他的女性作爲愛戀的客體。

佛洛伊德在文章中也提到，女性想要生育下一代，某個部份也是爲了完成自己的自戀需求，而孩子生下來之後，父母親看待孩子的神情與看著孩子天不怕地不怕時，油然升起的愉悅與興奮感，那是父母本身所遺失的自戀的重現(His Majesty of the Baby)。佛氏也說，女性尤其會將她們的自戀需求投射到她們的嬰兒，而這是一條通往完全客體愛戀的道路。

佛洛伊德在這篇文章中的有趣的觀點，即使在100年後的今天，還是覺得非常的實用。

關係中的愛與恨

診療室中，我們常聽到親密關係由愛轉恨，從精神分析的觀點切入，彼此的關係從健康的自戀轉爲破壞性的自戀是重要因子之一。破壞性的自戀包括對客體的嫉妒與憎恨，無意識或意識的想摧毀客體。比方說，婚前先生喜歡太太的美麗與外貌，太太欣賞先生的聰明與有自信。婚後，太太開始覺得先生很自我，先生也開始覺得太太很愛抱怨。打個比喻，婚前好像是兩人互相餵對方吃糖果(健康的自戀)，兩人的自戀需求都得到滿足；婚後，自體的需求互相碰撞一段時間後，兩人都開始餵對方吃苦瓜(破壞性的自戀)，都覺得每天都被對方攻擊，覺得對方既自我又機車。

在霍爾身上，我們看到比較多的內在自我空虛感所衍生出的破壞性自戀，而蘇菲並沒有跟著霍爾的空虛感與恨意起舞。

親密關係中，健康的自戀如同電影最後在空中飛行的城堡，自體是滿足的，可以隨心所欲的；而破壞性的自戀，就如同電影剛開始，躲躲藏藏，步履沉重走在陸地上，而內在卻是髒亂的，空蕩蕩的城堡。

享樂與承受痛苦

「......無法眞正承受痛苦的人，也無法眞正的尋求快樂。」[12]每次讀到英國精神分析師比昂(Bion)的這段話總是回味無窮。活著，是不斷在失落的，這是一個定律（至少時間它一分一秒在流失，就是失去了；至少，我們不能再回到完全依賴著母親子宮的狀態裡，就是失去了）。活著，也總是經歷著大大小小的創傷，所以，心是可能因爲這些創傷而感到很沉重的。

想要藉著忘掉過去的創傷，好像霍爾要將受傷的心丟掉，換成有魔法力量的心，來重生是很不容易的。有些人會因爲這樣的沉悶與低落感來尋求心理上的療癒。不過，身爲心理治療師的我們在聆聽與理解的過程中，也要很小心的是，我們眞的轉化了個案的痛苦了嗎？個案與我們工作究竟是獲得了幸福感？還是一不小心，關係中的創傷又被重演了？於是，個案又離開你，去尋求下一個療癒者了？

---

12 摘錄自Bion，W.R.(1970). Attention and Interpretation. pp9

飛行的城堡

在個案離開診療室後，我經常會問自己：我是否一不小心就變成了個案的超我，就像是電影中霍爾的魔法老師莎莉曼一樣？我是否有時候像是個多管閒事的清潔婦蘇菲，無意中就讓個案的綠色黏液，崩潰與憤怒跑出來？還有，我要如何才能冷靜、包容與護持，最後終究才能被個案允許進入他們的童年小屋？除此之外，我是否也很容易跟著個案的情緒而動怒或是同情心氾濫？被指責時，是否就跟著生氣起來？亦或是同情個案時，心中就跟著個案一起罵起他所責備的人，而忘記了那是個案內在精神現實的展現或是個案投射了一些動力在我們身上，讓我們也跟著行動化起來？凡此種種不足，都會是身爲心理治療師的我還需要努力的，還學習不夠的魔法呢！

在電影的一開始，我們看到的是一個步履蹣跚，廢銅爛鐵做的，躲來躲去，迷失方向的城堡；在電影最後我們看到的是一個可以自由飛行的，來去如風的城堡。已經成功離開的卡西法，最後又選擇自願重新回來(以一個他者的姿態)，幫助霍爾的城堡重新有了法力。迷失的霍爾找到了方向，變老的蘇菲也重返年輕，但是蘇菲的頭髮顏色還是像老人一般是灰色的就是了。

城堡由匍匐前進到會飛行，象徵的或許就是霍爾的自體，由孤單的、空虛的變成可以隨心所欲，自在輕盈的狀態。對於任何人(治療師或是個案)，這都是一個很理想的狀況，並不容易達到，但還是期待自己與心理治療工作者們，在工作中，可以慢慢的協助個案的自我與情緒從衝突中變得更加自在......。

御風者的降臨、降落與墜落

彭奇章
臨床心理師
中正大學心理學研究所
臺灣精神分析學會會員

夜間飛行的機艙中，名爲希達的藍衣少女正被帶往未知之地。艙內外隱約兩股爭奪勢力如伏流般暗地裡逼近、匯聚、湧現。然而爭奪的對象卻不是少女，而是她身上象徵魔力與權柄的飛行石。在這場人爲空難的過程中，少女失足、墜落。也許因爲夜晚，或因爲昏迷，希達筆直的下落之勢顯得迅疾無聲。就在穿透雲層之際、將要墜地之前，胸前的飛行石突然魔法作動，筆直下落之勢戲劇性地轉爲曲身緩降姿態。同時間，遠方地面上一位名爲巴魯的少男看見了落降中的希達。巴魯全力奔向希達即將下落之處，張開雙手準備承接。在少女緩降至十分接近少男可觸及的高度時，飛行石魔法消失，伴隨一股釋放後的沉重之勢落入少男懷抱。

以上是「天空之城」片頭的橋段，亦是筆者與宮崎駿動畫的最初接觸，對當時正值青春期的筆者來說是相當深刻的一幕。宮崎駿將此片頭演繹得淒美且豐富，低冷之中透藏著豐沛情感。這橋段始於希達憂愁神傷的表情，緊接著是無情的暴力爭奪與狼狽躲藏。從情感、行動或姿態等不同面向來看，都與希達正統皇室後裔的身份有著極大反差。宮崎駿將接踵而來的各方衝擊匯集成一股墜落之勢來呈現，也讓整個故事圍繞著這份墜落而展開。

墜落與失落創傷

若以失落創傷的角度來看這段墜落歷程，宮崎駿的演繹手法似乎也顯現了精神分析防衛機制的運作樣貌。墜落之初，希達所呈現的昏迷狀態，將她的知覺暫時隔絕在現實威脅之外，有著隔離機制與否認機制混雜其中的味道，讓整體下墜畫面顯得寧靜而不覺危險，在遭遇重大創傷事件衝擊的第一時間，有個心理緩衝空間。墜落之中，穿透雲霧可視爲是，現實威脅已經越過了可容受的臨界值，原本的防衛已不足夠。於是宮崎駿在此時安排讓飛行石的魔法作動，帶來最具戲劇性的緩衝效果。這運作像是透過魔幻思考(magical thinking)來放大，自覺能夠因應威脅的能力。換個角度來看，此階段也有全然退行與依賴的味道，近乎完全停止自身所能展現的自我照顧，全然地期待與自身血脈相連的力量，將會全力守護著自己的安危。緊接而來的是有另外一個人出現在某方，發現少女的處境且盡力營救。眞有另一個願意協助承接失落的人存在，也是讓個體減少使用較爲原始防衛機制的契機。宮崎駿很巧妙的在承接者就定位時，讓魔法力量退場。在這整段歷程之中，隱約有一張由否認、隔離、退行、魔幻思考、依賴、投射等等防衛機制所編織而成的網，承接住這股墜落之勢。

從故事情節來看，希達遭遇的失落創傷主要來自皇室家族的衰落、皇室正統後裔地位被篡奪、生命即將失去的威脅等面向。若從希達墜落的姿態來看，頭下腳上、穿透雲層、筆直轉爲曲身、被另一人懷抱等等的意象也像是詮釋一次個體出生所經歷的創傷歷程。

在矛盾中過渡

希達的墜落橋段呈現出墜落、降落與降臨三個歷程。失落創傷匯集而成的墜落之勢，透過一連串的防衛機制緩衝而有了安全降落的可能。意外的相遇對男女主角而言，就像降臨了一個客體、一段移情關係。在片頭的墜落、降落與降臨告一段落之後，劇情場景也從夜晚過渡到清晨，讓少女從昏迷過渡到清醒，並與巴魯再次面對一連串的現實追逐。如同所搭配的配樂名一般，以「從天而降的少女」搭配墜落歷程，再以「鐵道車溪谷的早朝」搭配降落後的復甦，接著以「痛快的戰鬥」搭配關係降臨後的振作。在移情關係之中，重覆經歷著情感、魔法與追逐的冒險旅程。隨著劇情重覆上演的追逐戲碼之發展，男女主角的心智逐漸成熟。

一個事件同時呈現墜落、降落與降臨等多個面向，一方面自有其戲劇效果，另一方面從元素本身的特性來看，三個元素的異同交疊之間也帶有明顯的矛盾特性：

既要死去又要存活，既有失去又有獲得，既被保護又得成熟，像是兒童遊戲過程中，常見的自相矛盾性一般。若將宮崎駿的動畫世界視爲遊戲場域，就像是玩出一段看似矛盾卻能連貫不同元素的遊戲歷程。在溫尼考特的理論思考中，十分看重在遊戲當中這類矛盾性的價值，他認爲人們不是只活在當下，還需要與過去或未來的文化連結、持續充實。而這類矛盾性的價值正是幫助孩子渡過從前、現在與未來不同階段的落差，有了連結貫穿的可能。

藍衣少女與城堡之變遷

我們談論了「天空之城」中，少女希達的墜落歷程以及當中可能蘊涵的矛盾過渡之意象，這是對單一作品的縱切面觀察。若我們以創傷的角度來思考墜落的意象，不免好奇關於臨床常見的創傷之重覆特性，是否也可能顯現於在宮崎駿其他作品之中？筆者嘗試以墜落此一元素作爲依據，在不同作品之間作一個橫切面的比對，範圍設定在「風之谷」、「天空之城」與「霍爾的移動城堡」三部作品來相互比對。設定在這三部作品的依據，主要來自於宮崎駿所安排的兩處巧合。

第一個巧合是藍衣少女。「風之谷」是發表在「天空之城」前兩年的作品，在劇情設定中，埋下的伏筆是關於一個傳說，傳說內容描繪著一位來自異國的神人，身著藍衣從天而降並帶來和平。這個傳說也成爲「風之谷」最後劇情轉折的高潮，女主角娜烏希卡即爲此傳說中的神人。而在兩年後發表的「天空之城」中，片頭一開始就安排女主角希達身著藍衣從天空墜落。此巧合繼續延伸到在「霍爾的移動城堡」劇情中，女主角蘇菲的墜落歷程也是身著藍衣。三位墜落中的藍衣少女有什麼樣的異同之處，是筆者的好奇之一。

第二個巧合是城堡的形變。在「天空之城」最後劇情轉折的高潮是男女主角一同念咒語來破壞天空之城，也將天空之城象徵機械工業與破壞性武器的面向給裂解崩落，只留下象徵自然平和的一部分，漂浮於天空之中。而在「霍爾的移動城堡」劇情中，城堡最先呈現出來的意象是在地面上彈跳、烏煙瘴氣的器械工業風貌，令筆者想到那是否就是「天空之城」崩落的那個部份？而且劇情中該城堡面臨了多個階段的崩解，直到完全毀壞，卻在最後出現「天空之城」般的形貌向高空飛去。城堡的形變意義是筆者的好奇之二。這兩處的巧合引起了筆者的興趣，也懷疑這三部作品之間是否有其三部曲的特性？我們一一來檢視其墜落的演繹。

娜烏希卡的墜落

如同「天空之城」，「風之谷」的劇情中同樣有位具有皇室身份的女主角——娜烏希卡，在艱困的生活環境中堅持與蟲族和平共生的態度，她同樣遭遇到皇室地位、生命與和平理想的失落。宮崎駿安排她接連遭受到被人類的飛行器擊落以及被蟲族衝撞又重重摔落。短時間內的兩次墜落都幾乎沒有緩衝之餘地，第一次受傷，第二次失去意識、生死未卜。接著宮崎駿安排天降藍衣神人的傳說運作，讓娜烏希卡被蟲族的觸角連結，高高舉起在天空。最後戲劇性地散發出金色光芒，起死回生之後在天空漫步。從逐漸衰落的皇族身份，轉變爲傳說中的神人，異族和平共存的理想也象徵性的復活。相較於「天空之城」而言，「風之谷」的橋段有著更強烈的墜落與更神聖的降臨，降落的環節顯得無足輕重。像是幾無防備地直接承受創傷之衝擊，直到死寂之後再以全能自大的魔幻思考起死回生；以極端的生，否認極端的死。

蘇菲的墜落

「霍爾的移動城堡」劇情中，女主角蘇菲在最後階段歷經了三次墜落。第一次是因爲象徵霍爾心臟的火魔被水澆熄，進而導致城堡的崩解，蘇菲與狗直接墜落在地面，也因此發現時空之門穿越到霍爾的童年，見證了霍爾與火魔之間的關係起源。而在理解了霍爾的過去之後，因地面出現時空之門而導致第二次墜落。在第二次墜落過程更像是心理層面的墜落，蘇菲從迷惘慌亂的跌落姿態轉變爲漫步前行的姿態，並在步回現實的過程中不停哭泣，也疑惑自己的淚流不止。當時她說著：「我可以自己走了，但眼淚就是止不住。」第三次墜落則因爲將轉變後的火魔移入霍爾胸口，而導致城堡殘垣完全的崩落，並靠著稻草人的犧牲來緩衝墜落之勢，帶來安全降落的結果。蘇菲的墜落有幾個特點：第一，魔法不再是帶來降臨或降落的角色，而是被用來捨棄：爲了所愛之人著想而犧牲魔法，也必須面對失去魔法的崩落威脅。第二，在面對墜落的衝擊時，則是藉由理解他人、懂得悲傷以及情感付出等元素構成一次次降落的可能。

從幻覺走向幻滅

從娜烏希卡、希達再到蘇菲，這墜落中的藍衣少女似乎也展現出某種漸進成熟的演變姿態。特別是在魔法的使用上有著明顯的調整。在娜烏希卡身上，神人傳說的力量讓她自己就等同於魔法。即使面對著兩次劇烈的墜落衝擊，也能因著魔幻力量毫無畏懼、起死回生；在希達身上，魔法不再全然等同於自身，而是聚集在飛行石這個象徵物件之上。飛行石，自身血統與祖傳咒語相串連才有魔力作動，所以魔力可能被奪走（飛行石的爭奪），也可能自己放棄（咒語使用與否）；而在蘇菲身上似乎不具備魔法的條件，魔法從來不是自己的，但可以接受他人魔法的庇護。蘇菲甚至多次移除他人的魔法象徵物（火魔），導致一次次的崩解與墜落，但也透過一般人所可能展現的理解、情緒或情感來取代魔法，作爲維繫生存的倚靠。

藍衣少女墜落的歷程變遷，可以看作是因應創傷時的防衛型態演變。筆者聯想到溫尼考特曾提過「從幻覺走向幻滅」之概念。溫尼考特論述嬰孩從全然依賴母親哺餵母乳的階段要漸漸發展到斷奶的階段，是一段從幻覺走向幻滅的歷程。若我們將此斷奶的思維類比到人們離開一個舊有狀態要邁向新階段時，勢必經驗到失落與希望的兩極拉扯，如同墜落與降臨的擺盪。位在這個狀態的人們可能容易展現較爲原始與幻覺式的防衛方式。若想試著好好降落，展現相對成熟的適應態度，就必須漸漸接受那些曾有的幻覺都將幻滅，走到一個足以面對現實的狀態。

這樣的描述可能會讓人有種幻滅才是好的、成熟的，而幻覺是不好、未成熟的二分認知。筆者理解到溫尼考特的觀點其實是看重這種幻覺過渡到幻滅的整體歷程。他表示育嬰工作最重要的是，母親這個角色捨己忘我的投入，必須在一開始主動配合嬰兒的需求。母親近乎百分之百的配合，會給予嬰兒產生母親的乳房是自己的一部分之幻覺，像是在自己的魔法控制之下。溫尼考特認爲，在一開始就要能夠給幻覺充足的機會，在嬰兒的適應力與挫折忍受力與日俱增時，母親才能漸漸減少主動配合，帶來逐步的幻滅。這樣才能幫助孩子完成斷奶歷程，也從享樂原則（pleasure principle）進展到現實原則（reality principle）。

從「風之谷」、「天空之城」到「霍爾的移動城堡」的墜落演繹，也許就像是宮崎駿陪著我們走一遭斷奶歷程。也許這也可用來思考宮崎駿許多作品中爲何魔法有時總能出現得恰到好處、有時遭逢爭奪威脅、有時卻必須捨棄。

死亡的選擇性或必然性

佛洛伊德在<選擇匣子的主題>一文中，以「威尼斯商人」以及「李爾王」兩幕劇中關於「選擇」的劇情安排爲例，來延伸思考關於母親和死亡結合的女性形象。「威尼斯商人」劇中的玻齊亞(Porzia)遵從父親遺願，透過讓求婚者在金製、銀製和鉛製的匣子之中作選擇，再透過選擇的結果來決定婚配對象；「李爾王」劇中也有類似安排，老國王透過讓三位女兒各自表示對自己的愛意來決定如何分配國土資源。佛洛伊德藉由兩幕劇的選擇結果之巧合，思考爲何最終總是選擇了死亡的象徵。他表示男性與代表「生育者」、「伴侶」和「毀滅者」的女性有著密不可分的關係，代表了他生命過程中，母親的三種不同形式：「母親本身」、「按母親形象選擇的伴侶」、最後是「大地母親」。佛洛伊德認爲男性對於三位女性所作的自由選擇其實並不自由，即使是瀕死的男人也不願意放棄女性對他的愛，枉然追尋的結果是，沉默不語的死亡女神終將其摟入臂彎......佛洛伊德認爲，這裡頭的選擇性其實是一種慾望的反轉，用來取代必然性、命運性，如此人們才得以可以克服腦中已經覺察的死亡。筆者的理解是，此處的選擇性更像是一種建基在防衛基礎上的幻覺，爲了是用來幫助個體漸漸接受終將死亡的必然性。

筆者認爲在藍衣少女的墜落歷程演變中，也有著類似選擇性取代必然性的反轉機制。墜落歷程中所發生的魔法、陪伴或希望感都直接與「毀滅」或「死亡」在拉鋸。在城堡的形變歷程中，似乎也有著類似的命運性。「天空之城」從最初的存在變成傳說，以及最後階段的再現又被毀滅，都有著希望能夠存續卻又總是消失的命運氛圍。劇情最後的高潮更是透過少女希達的毀滅性咒語來實現，亦是種死亡與女性相接合的形象，與最初少女希達昏迷墜落的姿態前後呼應，「霍爾的移動城堡」中，蘇菲與城堡的形變之間也存有類似的氛圍。無論是蘇菲在少女、少婦與老婦型態之間的來回變化，或是蘇菲在劇情發展中，一次次有意無意地將城堡漸近崩落直到完全毀壞，都有隱含著對「毀滅」或「死亡」的趨向。這樣的氛圍我們可以在宮崎駿的另部作品，「風起」之中更深刻地感受到。「風起」一度被宣稱爲宮崎駿的告別作，也是其作品之中相當少見的寫實風格，沒有任何魔法的影子。觀影之前有幾個元素相當重要，分別是媒體設定爲告別作的宣傳手法、原本就有限的觀影時間以及日本戰敗與自殺攻擊的史實背景等等，都讓此作品架構在一個早已覺察死亡的氛圍之中。觀影者面對此作品，就如同男主角面對必然毀壞的戰機以及終將死去的妻子一般，早已覺察到命運的必然性，卻也在此歷程中嘗試展現些許可能的選擇性。像是窮盡設計的天份、成全國家的使命、沉浸菸酒的麻醉、感受情愛的刺激等等。即使到了不得不接受衰亡的最後一刻，也還能退到夢境的空間來緩衝。但，終究改變不了死亡的必然性。

從「風之谷」、「天空之城」、「霍爾的移動城堡」一路到「風起」，宮崎駿帶來的除了娛樂效果之外，也許也提供了一個適應現實的過渡空間。如同溫尼考特提到的：接受現實的工作永遠沒有完成的一天，沒有人可以擺脫，想弄明白內在與外在現實關係的緊張壓力，只有在不受挑戰的體驗的中間區域（藝術、宗教等等）裡（Riviere，1936），我們才能紓解這份緊張。

御風者與飛行起落的遊戲

「御風者」一詞來自於「風之谷」，描述生活在腐海環伺中的人們，看重有駕馭飛行器之能力，讓人能夠穿梭於威脅之中安然返回。有這類能力的人就稱爲「御風者」，「風之谷」女主角就是當中的佼佼者。這裡的設定引起筆者的好奇，究竟「御風者」是在御風？還是被風駕馭？飛行與墜落不僅僅是宮崎駿動畫中頻繁出現的素材，也是人們夢境中常有的元素。佛洛伊德在《夢的解析》一書中曾提到幾種典型的夢，愉快地飛翔與焦慮地跌落就是一種常見的典型夢。佛洛伊德認爲這類型的夢，涉及到人們對兒時的一種遊戲記憶——大人舉起雙臂讓孩子模擬飛翔、把孩子放在膝蓋上突然伸直雙腿讓他們滾下來、將孩子高舉過頭又突然假裝讓他們跌下來......延續筆者先前對御風者的主、被動性之好奇，在與大人進行飛行遊戲中的小孩，會如何經驗飛行的起落？是自己在決定著？或是被大人給決定著？這當中有多少全能幻想？有多少對現實的知覺？經歷過戰爭與自殺式攻擊年代的人們，若他們與孩子之間玩著高舉小孩飛行起落的遊戲時，又會經驗到什麼樣的氛圍呢？

爲了探究上述諸多的好奇，筆者只能嘗試再回到宮崎駿的作品中來感受與猜想。於是筆者的好奇轉移到對宮崎駿的親子遊戲之面貌上。宮崎駿與宮崎吾郎都是動漫家，也有過共同創作的機會，若將動畫創作視爲一種父子間的遊戲，那麼可否也找得到類似先前談論的墜落元素呢？如果有，又會有怎麼樣的異同與演變？

風間俊的墜落

「來自紅花坂」就是宮崎駿與宮崎吾郎一同合作的作品，當中也有關於墜落的演繹橋段。劇情中具有傳統象徵意義的社團大樓要被拆除，爲了宣告對拆除行動的抗爭態度，男主角風間俊打開大樓天窗站上樓頂，地面上其他人移開水池的防護網，準備讓風間俊躍入水池之中。風間俊一躍而下，摔入矮樹欉後再掉入水池。女主角松崎海趨前至水池旁關心，此時男主角正巧探出水面，伸手求助。女主角伸手握住男主角的手之同時，圍觀群衆大喊傳統復活......在這段墜落歷程中，同樣有著降臨（傳統守護者、情感對象）、降落（矮樹欉與水池的緩衝）與墜落（傳統毀壞、生命危險）的元素。特別在於這三個元素看似壁壘分明實則界線模糊，墜落的姿態等同於降臨的宣告，亦伴隨著降落的安排。換句話說，整個墜落歷程不再只是出於意外，而是更多的人為安排。另外，「來自紅花坂」對於父親的角色定位也十分曖昧，劇情設定男女主角自幼都沒有父親，情感發展過程中又瀰漫著兩人似乎有著共同父親的氛圍。而劇中傳統社團大樓也安排要被毀壞，男女主角看似能夠透過自我的覺醒與抗爭來逆轉情勢，但終究還是要象徵父權的教育高層來決定最後的存留。無論是男女主角的情感遊戲能否延續，或者是男女主角的抗爭行動能否成功，看似可以透過己身之力來決定，但最後還是受到「父親的位置」是什麼而決定。回到筆者原本好奇的「御風者」飛行起落遊戲，似乎在「來自紅花坂」的墜落演繹中，看見屬於孩子的願望與全能自戀之防衛，也就是自己可以決定遊戲中的飛行起落，眞正的御風。而在整體劇情架構中又可看見其對現實的體悟，確實也有個父親可以參與決定這場御風遊戲的起落。

筆者想到迪奧多·芮克所著的《內在之聲》一書中，特別在<人對別人的無意識>章節之中有提到一個例子：有一天我看著一個小男孩跟一個大人在玩球，那小孩跟大人互相丟球大約有五、六分鐘，然後他突然抱起球跑開，丟到附近的樹欉中，然後，對著大人說：「你一定會哭！」芮克表示，大人當然不會像小孩子想的一樣失望，但是大人不能繼續玩球一定會產生無意識或前意識中的不快樂，就像他許久以前的童年遭遇到類似的情況一樣。芮克亦用電磁學上的「感應(induction)」原理來試著說明無意識溝通的可能作用方式，他也強調心理領會的過程比電磁感應要更複雜得多。筆者試著用上述討論的片段來想像宮崎駿那年代的日本人，在童年飛行起降遊戲中，可能經驗到的歷程與感受。大人必須帶著小孩逐漸接受某些現實，同時小孩也努力向大人激起一些希望。

感應者的承繼、致敬與反轉

筆者嘗試對照比較了「天空之城」中少女希達的墜落歷程，以及「來自紅花坂 」中少男風間俊的墜落歷程，發現了不少有趣的巧合。首先是人物的性別與主、被動性：「天空之城」是被動墜落的少女遇見主動營救的少男，而在「來自紅花坂 」則是主動墜落的少男遇見被動營救的少女。其次是時間地點的設定：「天空之城」是設定在無聲無息的夜晚，少女墜落於廢棄的屋舍中，「來自紅花坂 」是設定在聚眾喧囂的日間，少男自即將廢棄的大樓頂上墜落。接著是消失的父親：在「天空之城」中男女主角的父親皆與「天空之城」有關連且都已不存在，在「來自紅花坂 」中男女主角的父親都與海有關且也已不存在。最後是關於親情牽引的表徵方式：在「天空之城」中是透過飛行石發射出的藍色光芒來指引與天空之城的連結方向，在「來自紅花坂」則是透過每日升起的旗幟來作爲召換父親的憑據。此處的升旗行爲，讓筆者想到繩子的角色，不若藍色光芒那麼地虛幻或不可控制，繩子似乎更有某種付出與掌控的傾向。溫尼考特曾對於繩子的象徵有過探討，他表示繩子可以看作一切溝通方法的延伸、連結、包裝東西、固定零散材料，也表示以誇張的方式來使用繩子，是沒有安全感、缺乏溝通的念頭、對分離的否認等等。回到筆者對藍色光芒與繩子之間的比對想像，也許可作爲一種參考，想像父子間進行御風者遊戲之心境差異的參考。

上述這些巧合比對也許就像是父子間的一種對話，有承繼、有致敬、也有著反轉，或是否也可看成在進行御風者飛行起落的遊戲過程中，切換在降臨、降落與墜落心境之間的父子感應歷程呢？

天空之城

冒險與拯救

唐守志
精神科醫師
臺灣精神分析學會會員

「天空之城」發表於1986年，距今剛好30週年。作爲吉卜力工作室成立後的第一部動畫，對宮崎駿來說，有其特殊意義。第一次擁有自己製造動畫的基地，但能否繼續存活下去，也是未知數。有了自己動畫的家，但同時也是一場冒險。從企劃的設定上，「風之谷」的對象是中高年齡，「天空之城」則是要給低年齡的兒童看的。對宮崎駿而言動畫是兒童的，而且要向下拓展開發更多的觀眾。但如果我們以此就認爲「天空之城」更加簡單、幼稚，那也不過是一種對純眞的偏見。動畫的名稱拉普達(Laputa)，是從諷刺文學作家強納生・斯威夫特(Jonathan Swift)所寫的格列佛遊記第三章飛行之島借用過來的。不過，宮崎駿在訪談中，饒有趣味的提到，並不是因爲我想要從格列佛遊記發展出故事來，而是當我想著要作一部有關飛行之島的故事時，就剛好想到格列佛遊記。

宮崎駿說這是一部講述少年和少女相遇的冒險故事，是一部動作片，裏頭有許多精彩的動作片段。這些「冒險動作」將透過動畫技術呈現在觀衆的面前。動畫技術考量的是動畫如何表現的問題，例如每秒鐘需要有多少畫格的動作解析，才能呈現出足夠活力的奔跑；手和腳的擺動要如何的配合，才能捕捉到身體的律動。鏡頭和畫面的跳接要如何呈現才能把整個動作的過程準確的表達出來；人物和場景的各式設定要如何成爲具有風格的畫面。這些技術上的考慮，就像是繪製動畫的先決條件，而觀者卻很難在觀看的過程中意識到。然而動畫，不僅僅是會動的畫或者是讓畫動起來而已，它如同英文單字(Animation；Anima是靈魂之意)的意義，是一項賦予靈魂/靈魂化的工作。動畫的製造，就如同一種創世紀的歷程。有些動畫的製作是以人物爲核心進行創作，比如手塚治虫，但對宮崎駿來說，整體的劇情會比人物特徵更爲重要，對比於手塚角色性的生成，宮崎駿比較強調動畫的世界觀。宮崎駿在訪談中說，對於主要角色的呈現，並不是要透過精雕細琢的臉龐去吸引大衆的目光，他只需要一張普通的臉，但是透過人物和劇情的安排，讓觀衆可以感受到臉與人背後所承載的靈魂。

這種手工藝的製作過程，即便是一種虛擬，但卻是用來表現眞實。宮崎駿十分清楚，眞實的虛擬也需要從現實出發，如何恰當拿捏這兩者的關係，也是動畫世界之所以讓人得以穿梭現實與想像的關鍵。宮崎駿說，動畫雖然是個「虛構」的世界，但我主張它的中心思想不能脫離「現實主義」。就算是虛構的世界，總要有些東西能跟現實世界連結，換句話說，就算是編造出來的，也要讓看的人心生「原來也有這樣的世界」之感。對於動畫世界的想法，宮崎駿的範圍是大氣層以下，宇宙和星空的無垠浩瀚對他來說，遠遠比不上雲層和大地之間生成的風景精彩。

如果聚焦於哪些現實元素被呈現在動畫之中，我們可以舉出幾個例子。例如「天空之城」中的山谷小鎮和礦坑場景，是宮崎駿親訪英國威爾斯小鎮的考察，那街上一棟棟並連著房子，那城堡的樣式，這些現實的元素，重新整合並呈現在動畫之中。連當時參訪看到過去礦工抗議的事件，也被放入動畫之中。如果我們仔細注意背景，在巴茲和希達被海盜追趕，而躲入礦工師傅家裡時，那牆上的海報裡，就有礦工團結的畫面。除了場景的元素外，機械和飛行器也是另外一類表現。「天空之城」中另一個重要的機械元素飛行器的設定：朵拉一族的虎蛾號和鼓翼機、政府軍的歌利亞號等，也都是從過去的研究中結晶出來的作品。這背後也有一套思考邏輯。例如，宮崎駿不喜歡那種無法製造的龐大機器，他的機械是主角花功夫做出來，且壞了是由主角自己動手將它修好的。「在動畫中，機械雖然是由人來啓動，但在啓動前，也應該有幾個機械技工或一個技術團隊吧。」

甚至連飛機要怎麼飛行，他都建議既然要用自己的想像力來描繪一種飛法，請起碼找一本有關飛機的書來讀一讀，從中演繹吧。並不只是要畫出我們腦海中從其他地方得來的飛機的印象，而是要從了解飛機的歷史著手，在歷史中會告訴我們全世界第一架四槳複翼機是何時建造，它的構造爲何，駕駛是如何的操作，這些都需要經過研究，並且以此根據去想像這個過程中的各種環節，盡量呈現出一種眞實的樣貌。

對於一種動畫的風格，就創作者的角度來看，有一種對動畫世界要如何呈現的基本設定，這好比一種世界藍圖的運作原則，在此風格得以被發展和鍛造。關於此，有許多問題將也會一同考慮進去，例如人們爲何需要動畫的世界呢？動畫是如何達到某種情緒的宣洩或治療？又或者，動畫世界中的時間和空間是如何被設計的呢？甚至在動畫當中的各種世界化的元素：人物、服裝、器具、明亮、高低、大小、遠近、顏色，都在每段時間歷程當中被精密的安排。然而無論如何，「虛構的世界要有背景才能成眞。」這些背景並不是憑空想像而來的。動畫師不是要透過筆下的人物去表現自己的風格，而是如何讓筆下的人物在動作間展現演技，因此所面對的問題乃是在於動態的追求。

雖然說，從一種創作論的角度來看待動畫，如同佛洛伊德在《夢的解析》的後面幾章，試圖去呈現出夢是如何工作一般，將會帶來一種對「生成」的探索樂趣。但是，這種「後設」的思考，卻會讓我們離開「臨床」。後設指向的是一種理論視角，它滿足了我們對爲什麼的好奇，但卻對「如何」無所助益。誠如火災發生的現場，我們並不去思考火災發生的原因，而是要決定是否能逃走或是滅火。所以要怎麼去看呢？我們要畫出一條邊界，避免思路無可避免的自由聯想，並且又可以在黑暗當中繼續前進，過多的自由聯想可能在精神分析文章中成為一種自然災害。

如果我們回到臨床的分析情境中，當我們聆聽個案的話語時，我們是怎麼樣的方式在傾聽呢？我們問到，精神分析引人的地方何在？同樣地，我們也問到被「天空之城」吸引的地方何在？它可以讓我們繞過甚麼阻抗嗎？可以讓我們重新去了解甚麼嗎？可以在離開世界之後，就像是我們在診間中的一次會談，又讓我們重回到現實當中嗎？當個案在會談當中突然發現，「我覺得今天房間的燈光好像變亮了。」這個光亮是從哪裡亮起來的呢？就如同分析師在治療當中會面臨的一個問題。到底，我們對個案的理解，是一種想像的建構，還是一種對其無意識的探索的理解呢？有沒有我們的理解是一種暴力的改寫，並且我們透過治療將此理解強加在個案身上呢？

上述的這些疑問，也許同樣需要有某種中性原則，或者是一種分析師的自我警惕，對於諸多元素保持適當的距離，並且避免過多的建構和想像，而這裡面可能有來自觀看者自身未知的願望。總之，我們需要搞清楚一個原則，是作者本身的自由聯想帶來樂趣，還是他所描繪的作品本身呢？如果在文學的評論上，這將會是同一件事情，作品邀請讀者一同完成或再次創作。但對於精神分析來說，這就關連到在治療關係中，到底是否會面臨到將主體客體化的問題：我們眞的理解個案嗎？還是我們只能理解我們的理解？在我們是否能眞正理解上，並沒有一個終極解答，它只能在避開過度詮釋的危險下，協助個案自行言語。佛洛伊德提醒分析師需要謹愼，就是要避免個案被過度的詮釋。

因此，我們試圖在這樣的原則下進行一種分析式的解讀。在我們所劃定的原則下，避免過多的穿鑿附會，希冀能達到一種不過度的傾聽。這種解讀無疑是一種冒險，我們可能會在方法學上更接近一種分析的技術，但是卻可能偏離或限制了原本想像的讀法。這種讀法把那些類比與關聯，總言之，把「相似性」當作解讀的要點。另一個危險是，將分析的原則脫離原本的臨床情境，也可能有所失眞或誤用，然而賭注在於，我們是否可以度過這些危險，而試圖用一種示範，來呈現一種不同於文學評論式的精神分析的解讀。

這首先需要我們將對豐富性的好奇擱置在一旁，這些元素固然能提供某種理解的樂趣，但是它們也可能帶著危險，讓我們誤認自己正在理解。使作者有更多的想法這件事情，有可能帶來對作品本身的遮蔽。然而對作品來說，更多的解讀帶來是更多的豐富性，這有甚麼不好呢？只是對於作品本身而言，是否可以有它真正想說的話呢？或者是它表達出來卻沒被注意的話呢？

格列佛的「天空之城」

Laputa拉普達，或飛行之島，在格列佛遊記中是一個全然不同的故事。在格列佛遊記中，格列佛在海上遇到海盜，之後被外放漂流到小島上，抬頭看到遮住日光的飛島向他飛近，進而登上了飛島，描述了飛島上的各種奇聞軼事與奇形怪狀。作爲一個諷刺文學作家，史密斯將這群國王貴族們，描寫成一群脫離現實世界的異想者，他們思索的全是數學音樂等抽象幾何物，擔心的是機率十分渺小的天體毀滅問題，連食物形狀也都是幾何構造，甚至在日常的互動，都需要安排專門的僕役，用特製的拍子，輕敲耳朵和嘴巴，以便去提醒這些人從天馬行空的思考返回到當下的對話。格列佛的飛行之島，就是一個脫離現實的異度空間，但是他們卻主宰和統治地面上的人們，當他筆下描述的情形有多麼離奇，也就是嘲諷統治階級有多麼的荒謬。

這些荒謬來自於，格列佛集中火力仔細描寫，這群不住在地面上的人是如何離天空更近而離開土地太遠。在理想的世界中完美無瑕，但在現實的應用中卻醜態百出，這也許也是經驗主義對理想主義的一次攻擊行動。然而爲何這群荒謬的人，能夠擁有統治地上人民的力量呢？這些力量是從哪裡來的呢？格列佛遊記中，這個力量有幾個階段，例如用飛島停留在土地上空，遮住陽光以及雨水，或是直接用飛島向下進行破壞，甚至可以由上而下進行攻擊，例如把東西往下丟。這些擁有統治力量的國王和官員們，他們不事生產，日常生活所需皆由人民地區來供奉，是眞正的上層階級。而他們擁有多少力量就有多少的離現實更遠。

格列佛飛行之島上的人，比較像是機械人而不是一般人，然而宮崎駿「天空之城」上的園丁機械人，卻有著更多人性的味道，將滑翔翼搬離鳥巢，將鮮花放在紀念碑上。然而，在天空之城中，恐怖的力量被全面的升級。飛行石作爲先進文明的科技結晶，已經超越了原本飛行之島依靠磁力航行的能力，飛行的區域也不再侷限在陸地的範圍，而是整個世界。甚至天空之城是可以直接漂浮在海上。它的破壞力量也不是物理性的攻擊，而是毀滅性的武器，再加上攻擊型的機械人。

在「天空之城」動畫開頭的過場畫面中，好像告訴我們在過去有那麼一個時代，有許多各式各樣的飛行之島在天空航行，直到天雷和女神吹出颶風，島嶼就墜落地面，人們重新回到大地。我們知道，宮崎駿對科技的發展一向懷有悲觀的看法。這些設計的機械無論它的意圖多麼良善，時代的風都會把它轉化為機械文明的工具。在「天空之城」中，宮崎駿似乎化身波姆爺爺說出類似的話：「飛行石是人類科技的結晶，它能帶來幸福也能帶來不幸。」

格列佛的飛行之島和宮崎駿的「天空之城」有甚麼值得比較的地方呢？在相同的地方來說，都是一個擁有力量的地方，不論這是飛島本身的力量或是高科技的毀滅力量，就像穆斯卡所說的，天空之城是不會毀滅的，它將會一次又一次的復活，它的力量才是人類的夢想。這個漂浮於陸地之上的飛行之島和天空之城，同時表示著所擁有的超越的力量。不同的是，格列佛的飛行之島中，人都還住在上面，但是卻脫離了實際的人，一群空想者。而在動畫「天空之城」中，人都走了，它的滅亡好像是影射著大自然所擁有的更為巨大的力量，這個力量將會帶來反撲。這個主題在「風之谷」的漫畫當中將有更明顯的發揮。希達說，她終於知道拉普達為何會滅亡，那是因為離開土地就沒辦法生存。這個土地指向著回到家鄉，回到大地，回到歷史的現實中去。

天空之城在動畫的最後只剩下上半部，裡面有園丁機械人和小動物在其中走動。這裡其實隱藏著宮崎駿的幾個看法。為何要把機械人做得更像人呢？因為對宮崎駿來說，機械本身的重複性，從頭到尾鞠躬盡瘁的完成一件事，更能表現出犧牲的精神，從這個離開人類本位的角度來看，是不是人本身根本無關緊要，而是表現出來的特質，是否有人性。而純眞如果是以一種極其單純的方式來表現，就是在這種特質的單純之中，而非我們想當然的將人或兒童等同於天眞與單純。兒童之所以更爲接近純眞，就是因爲他們的心靈狀態更容易接收這些單純的形式。

冒險與拯救

宮崎駿的動畫裡面有不少是男女間相遇的冒險故事。「天空之城」中的巴茲與希達，「魔法公主」裡的阿席達卡和小桑，「霍爾的移動城堡」中的蘇菲和霍爾。男女間的相遇是否一定是愛情故事，也許對宮崎駿來說，並沒有特別的著墨，但至少他所描述的男女之情，並不是一種刻骨銘心的激情，而是相互扶持的柔情。冒險除了是一段外在旅程的事件變化，其實也對應著人物的內在歷程，內在的轉變也是一種冒險，沒有內外兩個層面的相互呼應，冒險故事的「靈魂」戲碼，就無法「眞實」呈現。

在「天空之城」，離家是冒險開端，但對希達和巴茲來說卻有所不同。在劇情的安排上，希達是一種被迫的離開。動畫一開始希達被黑衣人拘禁在巨大飛行船的房間中，後來朵拉一族的入侵，一連串的攻堅與追逐，使得希達失足從飛行船墜落下來。當觀眾還在想說希達要用甚麼方式逃開追逐的時候，很突兀地發現希達竟然掉出畫面之外。這種突如其來的掉落，也讓觀者心中嚇了一跳，怎麼掉下去了呢？作爲動畫的開場，這種從原本畫面視野中突然墜落的情形，止暗示希達遭逢的命運，或者更延伸來說，對人而言，意外的打擊不就像是一種突然的掉落嗎？

後來我們知道，希達是被穆斯卡從肯得亞的家鄉挾持出來的，對希達來說是從原來安逸狀態的離開，希達在這外力下被迫離開原來的家。穆斯卡希望透過希達找到拉普達。但對希達來說，她的家並不是「天空之城」拉普達，而是她從小生長的肯得亞的鄉間。但廣義來看，「天空之城」又是希達血統傳承的家，希達是公主。離家對希達來說是一種重複的宿命，在這種被動狀態中她不斷尋求回家的路。希達冒險旅程是在離家與回家的往返運動中展現出來。遙遠的過去是族人離開「天空之城」，現在是希達被迫離開肯得亞的家，要回到「天空之城」的家，然後她將再一次離開，要回到肯得亞的家。這裡所呈現的一種被動性中，其實正是詢問，何處才是希達的家呢？

回過來看，「天空之城」的開場會選擇不是在肯得亞的鄉間被穆斯卡帶走，而是在飛船上的追逐和墜落，那種在黑夜之中從天而下的墜落看來緊緊抓住觀者的擔心。她會因此受傷嗎？要怎麼脫離危險呢？以此可以發現到，飛行石是如何發揮作用，而巴茲又是如何和希達相遇的。飛行石緩衝了下降的力道，使得巴茲看見希達從天而降，並且得以接住希達。巴茲看見的是在發光的飛行石下緩慢降落的希達，飛行石的光芒讓這樣的失速變成降臨。這是巴茲與希達的初次相遇。巴茲接住了希達，拯救了她。在希達清醒之後，巴茲曾說以爲自己看見天使。當希達見識了被飛行石喚醒的機械人製造的災難場景後，她對巴茲說：這顆石頭原本都是藏起來的，只有在結婚時才會拿出來......這麼可怕的東西應該要丟掉才好......我根本不想去拉普達。巴茲反駁說，不是這樣的，是因爲有了飛行石，他才能遇見希達的。

落難經驗被編織在一種「巨大」與「渺小」、「黑暗」與「光明」、「下降」與「上升」的對比之中。渺小的一面，在劇情設定下，希達是孤兒隻身一人，我們無法得知是否有與她同族且存活下來的人，但沒有人可以協助她。她必須要靠著自己生存下去，並且她要承擔古老傳承所帶來的命運。在巨大的一面，我們看到的是穆斯卡所代表的另一支拉普達遺族，他們處心積慮地想要得到拉普達的力量，以及代表國家機器的軍隊和特務們，還有追求財富的海盜朵拉一族，任何一方比起希達來說都是如此強大有力。

於是黑夜降臨，所有的追逐，雙方的爭搶在此聚集。動畫便以希達突然的失速墜落，作爲一種開場。任何一種人生的重大打擊，對個人而言，其實就像是一種失速的墜落，原本熟悉的世界已不在，被迫離開家園，不斷想要逃出或復原，而必須要在追趕下，面對未來的不可知。這命運的捉弄以黑夜作爲背景，襯托出飛行石所發出的希望之光。這是宮崎駿描繪純眞的一種方式，猶如是畫家林布蘭的光是由黑暗所構築，純眞也必須從混亂的背景中凸顯。

希達的落難，其實呈現在一種下降的狀態之中，就如同幾百年前在拉普達上的人們因爲遭受天雷(在『天空之城』的片頭出現的畫面)而被迫離開天空回到地面。或者，如同巴茲的父親在航行中瞥見拉普達後回到土地上之後的憂鬱落寞。各種下降的表現，大量出現在天空之城中，包括最後天空之城下半部聖城的毀滅。而上升就包含在城堡的救援行動，在虎蛾號上一起前往天空之城，滑翔翼進入天空之城中以及最後天空之城的飛昇之中。

對巴茲而言，他本來就是準備要離開的，就好像男孩長大離家一般。原先這是一種傳承，繼承父親的遺志，承接他未完成的願望，證明他的鬱鬱寡歡並不是憑空杜撰，要找到拉普達，並證明它的存在。這種「離家準備」宮崎駿用兩種具象化的方式來表現，在動畫中是巴茲山谷小屋裡的飛行器，這個小屋的作用就像是一小座停機棚，而期待著有一天能夠飛出家門。另一個是小屋上的鴿子，伴隨著巴茲的「鴿子與少年」的小號旋律圍繞飛翔。前者是一個工具性的準備，後者是一種飛翔的練習，這都是一種冒險前的準備。當最後巴茲離家前將鴿籠打開，象徵冒險的啓程。相對於落難的被動性來說，冒險的特徵是一種主動性。這也是巴茲所承接的角色，這樣的主動性，使得拯救成爲可能。

在動畫中火車軌道上的一連串精采追逐戲碼後，兩人在後有朵拉一族，前有軍隊攔阻的情況下，一起墜落礦坑之中。這裡有個明顯的「重複」。重複一開場希達被追逐的場景，同樣的追兵匯聚，同樣的失速墜落，同樣的飛行石發了光，將兩人保護在其中。爲何需要這個「重複」呢？有何用意呢？這裡我們看見，拯救者如何一起與被拯救者共同落難。希達不再是孤單一人，而是有巴茲陪伴。巴茲不再只是一個來自局外人的援手，例如我們可以想到的那許多不明究理的善意與好心，獨斷地從外部強行給予所認爲的幫助。這裡有個共同受難的歷程。巴茲在此也共同經歷了追逐與出逃的過程。在臨床上我們怎麼去思考呢？我們當然沒有辦法同樣的去參與到那個過去的創傷事件，但是透過回溯，透過講述，透過重新的記憶，並且對這些細節和感覺的撿拾，其實在治療當中，就如同在有人陪伴下共同重複這個失落的經驗。

為何需要共同落難呢？海涅的詩句帶來一個洞見：「以往，你很少了解我，我也很少了解你；只有當我們一同深陷泥沼時，我們才會很快地彼此了解。」兩人一同下降到礦坑，是整個「天空之城」動畫世界的最底層。礦坑作為地下世界，也許正反映出這種深陷泥沼的狀態，同時也是彼此了解的最佳時機。我們知道在這一段劇情之中，交代了希達被抓的過程，並且也知道了兩人都是孤兒的事實。然而對比於共同落難，這個孤單也不再是唯一，而是建立了一種兩人的關係，在這樣的關係上，才會發展出相互拯救的概念。而即使處在這樣的狀況中，宮崎駿還是賦予巴茲信心滿滿的表現，當巴茲從波姆爺爺的說法中，知道眞的有拉普達存在時，他根本不管波姆爺爺的提醒：「石頭可能會帶來好運也可能會帶來不幸」，而是沉浸在拉普達眞的存在的喜悅。當回到地面時，希達願意把自己的眞名告訴巴茲，在繼承飛行石的同時也繼承了拉普達的名字，也是代表對巴茲的信任。

在巴茲遇到希達之後，就開始幫助她逃走。保護的概念，一開始是透過礦工師傅的太太傳達出來的，她對巴茲指著希達說，「她是個好女兒」，阻擋巴茲出門對抗海盜，告訴巴茲說，「你應該要好好保護她」。在希達被穆斯卡留在城堡，而巴茲回到自家小屋被朵拉一族抓住時，朵拉說，連個小姑娘都保護不了的小毛頭，你這算甚麼男人。並且朵拉告訴巴茲一件很重要的事情，希達爲了救她心愛的人，不得不裝出無情的樣子。讓巴茲從傷心和氣憤當中發現自己的愚蠢。正是因爲有了這樣的體悟，巴茲才決定要回去城堡拯救希達出來。希達的名字也透露出一些線索，在印度史詩《羅摩衍那》：羅摩的冒險經歷中，描述了阿逾陀國王子羅摩拯救被魔王所擄走的妻子的故事，妻子的名字就叫做希達。

當巴茲和希達到達天空之城，巴茲發現朵拉一族被俘虜後，想要幫助他們逃離，過程中巴茲的身影被黑衣人發現，並且開槍射擊。希達爲了巴茲的安危，這時衝了出去，拯救巴茲被射擊，但自己卻又被穆斯卡挾持而一同進入天空之城的核心。等到巴茲割斷了朵拉一族的繩索並告訴她要去救希達時，朵拉說，才一轉眼就變成男子漢了。

在天空之城內部中的相互追逐中，有兩件事情很明顯的暗指希達和巴茲的轉變。其一是巴茲的風鏡被穆斯卡射破。這個風鏡是巴茲決定離家去城堡救希達前，第一個拿的東西，畫面一旁還有拉普達的照片。這是父親所留下來的風鏡，這個風鏡在他們進入龍之巢時好像父親般帶領著度過雷電和強風的考驗而降落在天空之城。這時巴茲確實已經完成了他的心願找到拉普達了。而風鏡被子彈射破，我們可以解讀爲父親的最後保護，也是巴茲要走出自己的路的時候。不要忘記，穆斯卡本身也是繼承拉普達皇室的另一支，可以推想他也繼承了他們一家或者其父親的遺志，並且也貫徹到底，要去掌握拉普達的力量。

其二是穆斯卡追逐希達進入寶座時，希達所說的一番話，她告訴穆斯卡，國家都滅亡了但是國王卻還在，是可笑的，我不會將石頭交給你，你也不會離開這裡的，這裡將是我們的墓地。穆斯卡開槍射斷了希達的辮子。斷開的辮子象徵斷了過去的羈絆也象徵一種女子的成熟。這時候的希達不再膽怯，而且她也終於明白拉普達爲何會滅亡，根要扎在土壤，離開土地便無法生存。

當希達在城堡中無意間想起小時候奶奶教導她的咒語時，喚醒了攻擊型機械人，並且帶來了恐怖的毀滅力量。後來在虎蛾號上和巴茲一起守夜時，又告訴巴茲，她記起來很多咒語，而且其中有好的咒語有壞的咒語，爲了要發揮好的咒語也必須學習壞的咒語，但是壞的咒語是絕對不能使用的，這會帶來很可怕的後果。「絕對不能用」成爲一個禁忌。

希達和巴茲的這些轉變，便是要鋪陳劇情中的最高潮。兩人手牽著手一起念出巴魯斯這個毀滅的咒語。在動畫中，影片的背景音樂是「天空之城」的合唱聲，配合著咒語啓動所帶來的強光和天空之城下半部的崩解。這句巴魯斯所帶來的動畫力量，可以從一個有趣的現象來證明。日本人使用推特的程度遠高於其他國家，2011年「天空之城」重播時，巴魯斯當下的瞬間每秒湧進兩萬筆以上的推文，結果推特因爲瞬間湧入大量的推文系統也當機了，推特之城也崩壞了。

巴魯斯爲何如此強大呢？從整體的畫面來說，這是最強的光，最大的破壞，最多的聲部合唱的主題曲，也是全劇的最高潮。從拯救的軌跡來看，有著保護個人的概念，有著彼此拯救的概念，進而對其他人(朵拉一族)的拯救，以及對世界的拯救：不可以讓穆斯卡奪走天空之城。而這最大的拯救是需要用兩個人的生命犧牲所換來的。在這之前他們也都有所準備。巴茲不再以父親的遺志爲目的，而希達也了解了族人離開拉普達的原因。但是爲了阻止這個恐怖的力量被穆斯卡奪走，從他如何殺死那些軍人，如何棄自己的部屬而不顧，如何野心勃勃地想要掌握力量，就可以知道他將如何殘忍的使用這個力量。原來在落難經驗所呈現的一面倒的失衡狀態，在這裡變得可以相互抗衡起來。在面對人類如何獲得力量的問題時，有一種內在的力量，它相抗於這可能帶來的暴力。在飛行石發出強光後，穆斯卡的眼睛似乎因此而受到傷害，一直手摀著喊我的眼睛。在地下礦坑時，波姆爺爺曾經請希達把飛行石收起來，在露出了一個很想要卻又突然克制的表情後，波姆爺爺說，這光線讓我的眼睛不舒服。而為何在場的希達和巴茲，眼睛卻沒有受到強光的傷害呢？我們也可以問到，為何在劇情的設定上，不讓希達使用她後來想起的這些咒語，使用飛行石的能力來限制穆斯卡呢？例如再次召喚機械人呢？如果這麼做的話，也並無不合理之處吧？這樣不但可以限制壞人的暴行又可以使得天空之城不至於被破壞。

然而這些並未出現在劇情之中，在劇情中能夠抗衡的不是飛行石的咒語，而是希達想起的肯得亞的山谷之歌：「根要扎在土壤裡，和風兒一同生存，和種子一同過冬，要鳥兒一同歌頌春天。」相對於武器帶來的征服力量，有一種拯救與保護的力量，它使得巴魯斯這代表著禁忌和破壞的咒語，也發生轉變：「毀滅本身是為了拯救。」宮崎駿並沒有讓天空之城全部消失，崩解的是下半部的聖城所在，癱瘓的是攻擊的武器與攻擊型的機械人，但是園丁型機械人還在，動物花草們還在，可能因為有飛行石的關係，所以長著巨大的根的大樹也還在，並且救了主角們一命。不像穆斯卡隨著崩解而掉落下去。

飛行石與根

「動畫」對宮崎駿來說，多少是帶點鄉愁的。雖然說製作動畫就是想要擁有自己的世界，但是這是個對失落的世界的嚮往，所以人們要到幻想的世界裡去悠遊，這是一種對失去的那些可能性的憧憬，也可以說是創造動畫的原動力。飛行石是人們精心製造的結晶，它的神奇效果，一方面指向著科技的產物，但又帶著某種魔法的特徵，例如那些所謂的咒語。但是筆者認爲，宮崎駿這裡要講得比較重要的是「人們精心製造」這件事情。相對於自然來說，科技就成爲不自然的一面，這是人們精心製造的結晶。而針對多種現象所提出的各種理論，也是人們精心製造的成果。即便是這部「天空之城」的動畫也是，甚至精神分析本身也是。對於這些人們製造的東西，爲何要特別去強調它可能帶來幸運也會帶來不幸呢？就像這些機械文明一樣，出發點可能都是好的，但可能有其他更巨大的力量，姑且稱之爲「時代之風」吧，讓一切都變質了。對現實的世界而言，宮崎駿不無悲觀的稱這些都是被詛咒的夢想。

在「天空之城」動畫最後，大樹的根救了希達和巴茲，並且維持了天空之城的上半部不至於崩壞。而提供給大樹能量的，也許就是飛行石，這時飛行石又化身爲某種提供養分的土壤。宮崎駿在訪談時，評論「天空之城」說，他不太喜歡將一切描述以雙重性來圖示，例如好與壞的截然對立。在進入天空之城時，希達和巴茲降落在上半部，而穆斯卡和軍隊卻是在下半部，在此穆斯卡還嘲笑將軍被財寶所迷惑，不知道眞正重要的核心是在裡面。而宮崎駿的根要扎在土壤裡面，正是面對飛行石的幸與不幸的一種回應，飛行石可帶來毀滅也可帶來滋養。

就像我們整篇的文章，也企圖要將根扎進到動畫的細節，扎根進宮崎駿本人的想法，甚至扎進動畫的製作論，以及格列佛的飛行之島。這些都是我們所要奠基的土壤。對於這些細節的珍惜，才能讓我們更貼近作品。回到精神分析的層面來看，甚麼是精神分析所要扎進的土壤呢？當我們在學習各種精神分析理論，這些也都是人類製造的結晶，它們也可能像是高科技武器般，直接被用在另外一位個案身上，有甚麼樣好的講法、是否說出漂亮的理論、或者能否很快的歸類下判斷？理論確實可以讓分析師處在一個有力量的位置，但也可能落入一種時代的詛咒之中。風不同了，人也不同了。唯有眞實地進入個案的脈絡細節，有著理論之光，但又不被其所宰制，我們才能去進行更深層的理解。

國家圖書館出版品預行編目(CIP)資料

給孩子的夢想飛行器：宮崎駿與精神分析/王明智等作；--一版--高雄市：無境文化,2017.06
面；公分--((生活)應用精神分析叢書；3) ISBN 978-986-92972-6-4 (平裝))
1.宮崎駿 2.學術思想 3.精神分析 175.708 106005888

給孩子的夢想飛行器 / 宮崎駿與精神分析

作　　者｜ 王明智 / 單瑜 / 蔡昇諭 / 林怡青 / 彭奇章 / 唐守志
執行編輯｜ 游雅玲
校　　稿｜ 葉翠香

版面設計｜ 荷米斯廣告設計有限公司
印　　刷｜ 侑旅印刷事業股份有限公司

出　版 ｜ Utopie 無境文化事業股份有限公司
地　址 ｜ 802高雄市苓雅區中正一路120號7樓之1
電　話 ｜ 07-3987336
E-mail ｜ edition.utopie@gmail.com

◆ 精神分析系列
【在場】精神分析叢書 策劃 | 楊明敏
【思想起】潛意識叢書 策劃 | 蔡榮裕
【生活】應用精神分析叢書 策劃 | 李俊毅

總 經 銷｜ 臺灣商務印書館
地　　址｜ 23150新北市新店區復興路43號8 樓
客服電話｜ 0800-056-196
客服信箱｜ ecptw@cptw.com.tw

初　　版｜ 2017年 6 月
I S B N ｜ 978-986-92972-6-4
定　　價｜ 350 元